시로 듣는 신앙에세이 ❷

성령의 열매를 따라 묵상하는 시와 에세이

천국의 기억

김윤환 지음

열린출판사

시로 듣는 신앙에세이②

성령의 열매를 따라가는 시와 신앙의 묵상집
천국의 기억

지은이 / 김윤환
펴낸곳 / 열린출판사
1판 1쇄 펴낸 날 / 2021년 3월 22일
등록번호 / 제2-1802호

등록일자 / 1994년 8월 3일
주소 / 경기도 시흥시 하중로 203 (3층)
2021ⓒ김윤환

저자와의 협의에 의해 인지는 생략합니다.

ISBN ISBN 978-89-87548-10-4 03230
값 13,000원

■ 저자서문

성령의 열매를 따라가는 시와 신앙의 묵상

필자는 1989년 등단하여 30여년 시창작 활동을 해왔습니다. 2009년 목회자로 부름받기 전 문학을 전공하여 강의를 겸하기도 했습니다. 하나님이 주신 은사를 하나님 나라의 확장과 진리에 대한 좀 더 깊은 묵상을 돕도록 문학을 복음의 도구로 삼아 글을 써 왔습니다. 그 일환으로 2015년부터 제 졸시와 함께 신앙에세이를《인천기독교신문》에 게재되었던 167편을 모아 먼저 제1집 '교회절기를 따라가는 시와 신앙의 묵상집'에 이어 제2집 '성령의 열매를 따라가는 시와 신앙의 묵상집'을 발간하게 되었습니다.

그리스도인은 세례를 받고 교인이 되지만 사실 성령의 세례를 통해 그 인격과 삶이 변화된 것을 통해 하나님 나라의 백성임을 증명하게 됩니다. 그렇게 성령의 세례와 동행을 통해 맺게 되는 것이 바로 성령의 열매입니다. 성경은 "오직 성령의 열매는 사랑과 희락과 화평과 오래 참음과 자비와 양선과 충성과 온유와 절제니 이 같은 것을 금지할 법이 없느니라"라고 정의하며 신자들에게 9가지의 영적 인격적 열매를 삶속에서 드러내기를 가르치고 있습니다. 성령의 은사가 방언, 예언, 신유라는 주관적이고 신비한 능력 뿐만 아니라, 그리스도의 성품에 닿는 영적 변화를 우선하고 있습니다.

결국 우리의 신앙의 목표는 개인의 소원성취에 그지지 않고 성령의 열매를 자신과 이웃에게 나누는 것에 있다고 할 것입니다.

이에 '성령의 열매를 따라가는 시와 신앙의 묵상집'을 통해 시와 성경 말씀을 함께 묵상함으로서 성령 충만한 신자가 되어 땅에서 천국을 맛보는 하나님의 자녀 되길 소망합니다.

2021년 봄
김윤환

차례

여는시_ 느보산에 핀 지팡이 꽃 · 6

제1부_ 사랑의 열매

이분법 · 10
끈 · 12
구름꽃집 · 14
융능(隆陵)에서 · 16
여독 旅毒 · 18
엄마의 기차 · 20
달과 그물 · 22

제2부_ 희락의 염매

천국의 기억 · 26
호수 · 28
절정 絶頂 · 30
그믐달 · 32
젖어서 아름다운 · 34
귀소 · 36
부도(不到)2 · 38

제3부_ 화평의 염매

위험한 의식 · 42
그릇에 대한 기억 · 44
멀리뛰기 · 46
건널목 · 48
도깨비풀 · 50

제4부_ 인내의 염매

구옥(舊屋)을 떠나며 · 54
마늘밭에서 · 56
인어왕자 · 58
눈꺼풀 · 60
눈물샘2 · 62
소래산에서 · 64
눈물의 카푸치노 · 66

제5부_ 양선의 염매

몽학도 蒙學徒 · 70
틈 · 72
호조벌 소금바람 · 74
적멸시인 寂滅詩人 · 76
팽이치기 · 78

제6부_ 자비의 염매

서울역 방향제 · 82
그리운 봉자씨 · 84
천수 賤壽 · 86
포리에서 · 88
그에게로부터 온 편지 2 · 90
녹향병원 앞 은강교회 · 92

제7부_ 충성의 염매

시와 말씀 묵상 · 95
발자국 · 96
천직 遷職 · 98
밥숨 · 100
사즉생 死卽生 · 102
부도 不到 · 104
따뜻한 슬픔 · 106
까띠뿌난2)에서 만난 예수 · 108
모자 · 110

제8부_ 온유의 염매

신발로 돌아 온 사랑 · 114
숟가락 · 116
하산 下山 · 118
뼈에도 꽃이 피는 · 120
분꽃 · 122
산 · 124

제9부_ 절제의 염매

그리운 비수 · 128
꽃게 이야기 130
판도라 132
내 몸에 검객 134
방전(放電)시대 136
원미도인 박기서 138

여는 시

느보산에 핀 지팡이 꽃

예배당 계단에 앉은 늙은 모세가 묻는다
여기서 강 너머 그 평야가 보이는가
이곳에 저 강을 건널 지팡이는 있는가
흠칫 놀라 돌아보니 이곳은
눈물로 무덤을 이룬 그의 느보산

돌아보면 돌판을 깬 일이나
혈기로 바위를 친 일 따위가
강 하나 건너지 못할 흠인가 싶다가도
혀를 끌끌 차며 다시 지팡이를 잡는다

성산아래 강을 건너지 못한
남루한 지팡이 하나
그 마른 가지로 물길이라도 재려했으나
그저 내려오지 못할 산길을
오르고 또 오르고 있네

40년의 고단한 탈옥도
남루한 제의(祭儀)로 남았고
지팡이로 지켜 온 사람들도
다 흙이었거니 했지만
단단한 자갈로 따로 앉은 유령들
볼수록 낯선 유령, 유령들이었네

귀로(Ⅱ) 72.7×53cm 1991

그의 지팡이에는
세상에 없는 꽃이 피고
그 꽃에 묻은 외로움은
느보산 바위 밑에
수맥처럼 오늘도 흐르네

느보산 보다 높은 3층 예배당에서
저기 흐르는 사람들을 내려다보네
그가 피우다만 꽃들을 다시 피우며
나도 마른 꽃처럼
우두커니 앉아 보았네.

해변의 꿈 130.3×97cm 1995

제1부

사랑의 열매를 따라가는 시와 말씀 묵상

우리가 지금은 거울로 보는 것 같이 희미하나
그 때에는 얼굴과 얼굴을 대하여 볼 것이요
지금은 내가 부분적으로 아나 그 때에는
주께서 나를 아신 것 같이 내가 온전히 알리라
그런즉 믿음, 소망, 사랑,
이 세 가지는 항상 있을 것인데
그 중의 제일은 사랑이라

고전13:12-13

이분법

제 눈 작은 줄 모르고
하늘이 좁하 하였다
이 동강난 세상에

나는 나대로
당신은 당신대로
평행선이 있음은 어떠한가
차달음은 또 어떠한가

갈 곳을 향해
그저 이 악물고 가야 하는데
그러한 가운데
무심히 다가오는 삶의 닻 줄

나는 모른 척
도망치고 또 도망치고.

■ Faith Essay_ 최근 제주도 다문화 사회와 소수자 문제로 정부는 물론 시민사회나 교계에도 논란이 뜨겁다. 자신의 생존 때문에 다른 이의 생존이 거슬리는 세태, 종교적 문화적 이질감을 선악으로 구분하거나 합리적 이해로 나누는 마음은 어쩌면 낯설음과 두려움에 대한 방어기저의 발현이 아닐까? 무속과 불교가 심했던 조선에 서양의 선교사가 첫발을 내딛을 때 그들은 낯설음과 이질감의 두려움을 무엇으로 이겼을까? 단연코 그것은 '사랑'이었을 것이다.

예수 그리스도의 사랑으로 문명과 관습의 차이를 극복하고 오직 예수의 빛으로 선교를 다짐하였을 것이다. 교리보다 사랑이 먼저인 선교! 지금 우리는 우리 내부에 쳐진 장벽을 걷어 내야 한다, 사랑은 모든 것을 품으며 모든 것을 견디며 모든 것을 이겨야 한다. 지금 우리가 해야할 일은 모든 일을 이분법으로 나누는 편가르기 습관이다. 그것은 사랑이 아니다. 예수는 진영싸움을 하기위해 오신 분이 아니다.

"사랑은 오래 참고 사랑은 온유하며 시기하지 아니하며 사랑은 자랑하지 아니하며 교만하지 아니하며 무례히 행하지 아니하며 자기의 유익을 구하지 아니하며 성내지 아니하며 악한 것을 생각하지 아니하며 불의를 기뻐하지 아니하며 진리와 함께 기뻐하고 모든 것을 참으며 모든 것을 믿으며 모든 것을 바라며 모든 것을 견디느니라 사랑은 언제까지나 떨어지지 아니하되 예언도 폐하고 방언도 그치고 지식도 폐하리라"(고전13:4~8)

끈

고향에서 올라 온 택배 상자
파김치 뚜껑에 칭칭 감긴
끈

40년 된 성경책
시편詩篇에 드리워진 붉은
끈

어머니 이마에
강물처럼 흐르는 그 짙은
끈.

■ Faith Essay_ 사람에게는 누구나 끈이 있다. 인맥의 끈, 지식의 끈, 집착의 끈 등이 자신을 지탱하는 힘이 된다고 믿고 찾기도 하며, 의지하기도 한다. 그것에 더하여 우리는 '신앙의 끈'이라는 자연인이 갖지 못하는 매우 특별하고도 분명한 끈이 있다. 신앙이라는 끈은 신비하게도 안일(安逸)할 때는 잘 보이지 않다가, 고난 가운데 문득 나타난다. 원망 가운데 있을 때에는 사라졌다가 용서 가운데 나타난다.

육안이 아닌 영안으로만 잡히는 것이 신앙의 끈이다. 마치 고향에서 올라온 어머니 사랑이 담긴 택배상자에 칭칭 감긴 끈처럼 벌판같은 우리의 생애를 칭칭 감아주는 하나님의 사랑의 끈은 말씀이라는 동아줄로 우리에게 다가온다.

오늘도 우리는 말씀의 끈을 기도로 잡고 하나님을 느껴야한다. 나를 절망과 죽음이라는 무저갱(無底坑)의 나락에서 건지기 위해 이 땅에 붉은 끈으로 오신 예수님을 잡아야 한다. 우리에겐 그 무엇보다 그의 사랑의 끈이 가장 필요하다. 어제나 오늘이나 내일이나. 마라나타! 예수여, 어서 오소서!

구름꽃집

오십이 넘은 어느 날
아내와 낯선 꽃집에 갔다
꽃집 안에는 들어가지 않고
문 앞에 놓인 안개꽃만
고르기 시작했다

장미나 백합화, 후리지아
수선화를 만나기도 전에
그녀의 가슴에는 이미
안개가 번지기 시작했다

안개 낀 아침풍경의 그녀가
내게 말했다
이제 이 꽃을 포장해 주세요
나는 부풀어 올라 그녀를 감쌌다

오십이 넘어 나는
꽃집 아저씨가 되어
비로소 안개꽃을 구름으로
포장하는 것을 배우게 되었다
꽃집에서는
박무(薄霧)와 백운(白雲)이
동색(同色)인 것을 알기 시작했다.

■ Faith Essay_ 천국의 모형은 가정에서 출발되었다. 하나님은 천지를 창조하시고 사람을 만드신 후에 그 이름을 아담이라 하고 그의 갈비를 취해 그의 배필을 만들어 주시고 그와 함께 가정이 창조된 것이다 교회보다 먼저 창조된 가정, 교회보다 먼저 창조된 사람, 교회보다 먼저 창조된 자연, 이렇게 창조의 순위를 역추적하다 보면 문득 우리는 신앙이 지나치게 교회 안에 머물러 있는 형식적인 것은 아닌가 생각이 든다.

아내와 꽃집에 갔을 때 오십이 넘은 아내가 이렇게 꽃을 좋아하고 마치 꽃과 일체가 되어가는 것을 보고 몹시 미안하고 부끄러웠던 기억이 있다. 사는 것이 다 그렇지 뭐 하면서 무심하게 가족을 대하고, 가장 편안하다고 가장 함부로 대했던 시간은 없었는지 반성하게 된다. 안개꽃을 한 아름 받아든 아내의 미소에서 그동안 마음의 가득한 안개가 걷히는 듯 했다. 사랑은 종교적 행위가 아니라 그 자체로 숭고한 것이다.

오늘 내 곁에 있는 가족을 향해 사랑의 꽃이 되길 희망한다. 잠시라도 그에게 하얀 꽃다발이 되어 그의 행복한 미소가 되어 다가가길 다시 기도해본다. 사도 바울은 이렇게 가르친다.

"우리가 지금은 거울로 보는 것 같이 희미하나 그 때에는 얼굴과 얼굴을 대하여 볼 것이요 지금은 내가 부분적으로 아나 그 때에는 주께서 나를 아신 것 같이 내가 온전히 알리라. 그런즉 믿음, 소망, 사랑, 이 세 가지는 항상 있을 것인데 그 중의 제일은 사랑이라"고(고전13:12-13)

융릉(隆陵)에서

뒤주에 갇힌 지아비를 바라보는 혜경궁 홍씨의 눈물을 보았네 정조가 나란히 눕힌 부모의 봉분 위로 얼룩진 편지로 남은 것을 보았네 막 출산한 여인의 가슴처럼 부풀어 오른 융릉과 건릉 사이 아비의 멍든 손톱을 닦는 아들의 손길이 국화로 피는 것을 보았네 힘이 넘쳐 힘을 쓸 수 없었던 왕가의 무덤이 사람들의 수군거리는 산책로가 되는 것을 보았네

무덤 이름에
융(隆)을 깔수록
죽음이 선명하게 보였네.

■ Faith Essay_ 왕족의 묘를 능(陵)이라 부른다. 화성 안녕리에 자리한 융능은 사도세자의 아들인 정조가 아버지 사도세자의 봉분과 어머니 혜경궁 홍씨의 합장된 무덤을 일컫는다. 문득 무덤의 이름을 생각하게 된다. 참혹한 죽음 후 흙더미에 씌워진 이름, 높여 칭송하자고 '융능'이라 붙였으리라. 부모의 곁에 봉분(封墳)이 마련된 정조 부부의 무덤 '건릉'(健陵)이나 죽음을 기억하는 자들이 붙여 준 이름이다.

그런데 아무리 무덤에 융(隆)을 깔아도 허망한 인생을 어찌하랴, 그 효심은 가상하지만 무덤 앞에 좀 더 겸손한 이름을 붙였으면 생각해 보았다. 사람들은 더러 생명보다 신념을 더 소중히 여긴다. 이념이라는 잣대로, 혹은 종교라는 굴레로 함부로 평화를 저울질하고 생명을 경홀히 여기는 세태를 돌아보며 죽음 후에 곱게 단장한 무덤이 무슨 소용인가?

어느 시인의 노래처럼 이 땅에 소풍와서 단 하루라도 하늘의 삶을 사는 복된 소망을 가져 보는 일, 무덤의 이름보다 자기 생명의 '이름'이 하늘에 닿도록, 오늘도 좀 덜 치열하고 좀 덜 바빴으면 기도하고 기도해본다. 사도 베드로는 우리에게 이렇게 가르치고 있다.

"만물의 마지막이 가까이 왔으니 그러므로 너희는 정신을 차리고 근신하여 기도하라, 무엇보다도 뜨겁게 서로 사랑할지니 사랑은 허다한 죄를 덮느니라" (벧전4:7~8)

여독旅毒

부인도 딸도 없는 노인
요양원 옥상에 앉아
저 아래 행인들을 내려다 보네

올라오며 보았던 여인도
몸을 의지했던 난관도
더 이상 올라 갈
계단마저 잃어버린
맨 꼭대기 층(層)

노인은 좀 쉬고 싶다고
성경 대신
담배 한 대를 달라하네

종점에서는
구름과 담배 연기가
하나로 만나고 있었네.

■ Faith Essay_ 얼마전 어느 요양병원 화재참사로 많은 희생이 있었다. 불과 반세기전 농경시대에는 부모는 당연히 자식이 집에 모셨다. 그러나 급속한 산업화와 문명화는 모든 가족 구성을 분주하게 만들었고, 집에서 누구를 돌볼 겨를조차 없는 탈가족화 사회가 되었다.

매주 한 번씩 인근 양로원에 어르신 예배를 드리러 가면 예배에 참석해서 눈을 감은 채 설교를 듣던 영감님이 문득 쓸쓸한 표정을 짓고는 밖으로 나가 담배를 태우시는 모습을 종종 본다. 문득 저 쓸쓸한 영혼에게 복음을 전하지만 상투적인 권면보다 진심어린 위로는 할 수 없을까 돌아보게 된다. 자식을 다 키우고 홀로 된 노인들이 젊어서는 산업화 근대화에 내몰려 분주했고 늙어서는 현대화와 첨단화에 내쫓겨 쓸쓸한 시간을 보내는 것을 지켜보노라면 이 땅에서 늙는다는 것은 외로움 다름 아님을 알 수 있다.

문득 설교만큼 소중한 것은 그 어른들의 고단했던 인생을 격려하고 위로하는 일 아닌가 생각하게 된다. 성경을 다른 두 글자로 압축하면 '사랑' 이라고 하지 않았던가?

"사랑은 언제까지나 떨어지지 아니하되, 예언도 폐하고 방언도 그치고 지식도 폐하리라"(고전13:8)

엄마의 기차

　종착역을 찾지 못한 채 늘 달리기만 했다 증기에서 디젤로 다시 전기엔진으로 바꾸어 가며 달렸지만 번번이 정차역을 놓치곤 했다 문득 끊어진 시간의 간이역 아무도 손 흔들지 않는 역사에 승객을 내리고 화물을 내리고 엄마는 여전히 알 수 없는 눈길을 남기고 상처 난 침목 무너진 철교 위를 지나 머나먼 종착역을 향해 기적도 없이 떠나시곤 했다 엄마의 기차는 왜 한 번도 정차하지 않았을까 간이역의 국수 한 그릇도 드시지 않으시고 기적을 울리는 끈 한번 당기지 않으셨을까 엄마는 왜 당신의 종착역에서만 우리를 기다리시는 걸까

　　마음에 터널이 생길 무렵
　　엄마! 부르니
　　그 기차 돌이켜
　　철커덕 철커덕
　　내게로 오시네.

■ Faith Essay_ 대부분의 시인은 자신의 시의 원천(源泉)을 '어머니'라고 고백한다. 독실한 기독교인이었던 박목월 시인도 그의 어머니에게서 예수의 사랑을 발견하고 중보자의 원광(圓光)을 발견했다고 노래했다. 필자도 예외는 아니다. 가난한 가정의 육남매의 건사를 온전히 감당하신 어머니는 90평생 자신만의 휴식을 가져본 적이 없으셨다. 그의 유일한 안식은 귀천(歸天) 1~2년 전 시골 요양원에서 쓸쓸한 시간이 전부였지만 어머니는 그 때가 가장 신앙적으로 깊어졌다고 고백하셨다.

30여년을 시장에서 과일행상을 하시며 자식을 키웠지만 단 한 번도 막말이나 손찌검이 없으셨던 분이었다. 하나님은 천사를 대신하여 어머니를 우리에게로 보내셨다 했는가 하나님의 사랑을 어머니를 통해 현현하시는 주님의 은총이 더욱 선명한 계절에 문득 그리움이 사무친다.

신학자 에크하르트는 "만물이 흘러나오지만 안에 머무른다."고 하나님의 사랑을 '만유내재신론'과 '에워쌈'이라는 모성적 상징으로 표현하였다. 우리가 하나님으로 에워싸여 있으며, 우리가 낳은 것은 우리로 둘러싸여 있다. 달리 말해서, 신적이든 아니면 인간적이든 간에 삶의 모든 창조성은 하나님의 모성성에 기인한다. 어머니, 아니 엄마는 바로 그 숭고한 창조성과 사랑의 실체적 경험을 제공하는 영원한 하나님의 은총의 세계다.

오늘 하나님을 생각한다면 육신의 어머니를 찾아보자. 오늘 어머니가 그립다면 주님의 출산과 양육의 사랑을 다시 기억하자. 이사야 선지자는 어머니로 오신 하나님을 이렇게 노래한다.

"여호와께서 나를 버리시며 주께서 나를 잊으셨다 하였거니와 여인이 어찌 그 젖 먹는 자식을 잊겠으며 자기 태에서 난 아들을 긍휼히 여기지 않겠느냐 그들은 혹시 잊을지라도 나는 너를 잊지 아니할 것이라"(이사야 49:14-15)

달과 그물

훤한 달,
마음이 끌린다

다가설수록 선명한 끈
온몸을 에워싸는
생활의 기망(祈望)

둥근달 볼 때 마다
환하게 펼쳐지는 그물
기망(起網)의 경련이
달빛에 숨어 있다

오늘 밤
내 속으로 들어온
저 달이 무척 위험하다.

■ Faith Essay_ 뭇사람들은 흔히 보름달 보고 소원을 빈다고 한다. 보름달처럼 꽉찬 행복, 환한 미래를 소망하는 마음이 그러한 풍습을 만들었을 것이다. 신앙인으로 우리는 어떠한가? 무엇을 바란다는 것은 곧 무엇에 메인다는 것 아닌가? 나의 소원이 나의 삶을 옥죌 때가 많다. 더러는 그 소망 때문에 다른 자유를 잃어버리는 일도 없지 않다. 즉, 그 특정한 소원인 희망을 기원하는 기망(祈望)이 다시 자신을 가두는 그물, 즉 기망(起網)이 되는 삶의 아이러니를 우리는 종종 목격하거나 경험한다.

우리는 예수의 피로 살아가는 하늘의 사람이려면 우리 안에는 예수님의 소원이 다른 자유를 포기하게 해야 한다, 하나님 나라가 이 땅에 임하게 하려는 예수 그리스도의 소원이 곧 나의 소원이 되면 우리는 그의 멍에로부터 자유로울 수 없다. 그러나 주님의 소원은 모두가 평화로운 세상, 하나님이면 지혜도 사랑도 마땅히 성취하는 세상에 세워진 하나님 나라 건설이다.

오늘도 우리는 우리의 소원이 세상의 그물에서 자유로운가 묻고 또 물어야 한다. 예수님의 소원은 명료하다. "서로 사랑하라 내가 너희를 사랑한 것 같이 너희도 서로 사랑하라. 너희가 서로 사랑하면 이로써 모든 사람이 너희가 내 제자인 줄 알리라"(요13:34~35)

춘삼월 74×38cm 2015

제2부

희락의 염매를 따라가는 시와 말씀 묵상

예수께서 이르시되 나는 생명의 떡이니
내게 오는 자는 결코 주리지 아니할 터이요
나를 믿는 자는 영원히 목마르지 아니하리라

요6:35

천국의 기억

　선물로 받은 작은 화분들 아내는 햇살이 잘 드는 베란다 한쪽에 줄을 세우고 소리 없는 꽃들에게 종종 말을 건다 아이구 너는 목이 많이 말랐구나 아이구 너는 망울을 틔웠구나 스스로 다가서지 못하는 꽃들의 벗이 되어 말을 건다 스스로는 다가올 수 없는 꽃들이 향기로 답을 해주었다 베란다의 밖은 아내의 천국이다 피울 만큼의 꽃잎을 피우고 저마다의 뿌리에 힘을 주고 꽃잎에 등을 밝힌다 아내의 손길을 꽃들은 기억할까? 아내가 건넨 사랑의 말들을 꽃들은 헤아릴까? 그래도 아내는 연신 물을 주며 인사를 건넨다.

■ Faith Essay_ 어느 날 아내가 베란다 화분 꽃들에게 물을 주면서 뭐라고 혼자 중얼거렸다, 꽃들에게 말을 걸어서인지 꽃은 향기를 더하고 잎들은 푸르름을 더 했다. 자연도 누군가 말을 걸면 제 몸, 제 향기로 대답한다, 하나님을 닮게 창조되었다는 우리가 목마를 때 마다 주시는 하나님의 생수, 어두울 때 마다 비추어 주는 그 분의 빛, 어디론가 옮겨갈 수 없어 홀로 고개 숙일 때 바람을 주셔서 곁으로곁으로 다가서도록 해주시는 하나님의 세밀한 돌보심에 어떻게 응답하며 살고 있을까? 생각하면 꽃들에게 부끄럽다.

하나님은 우리를 사랑하시어 우리보다 먼저 자연이라는 정원(庭園)을 만들어 주셨다. 세상이라는 놀이터를 만들어 주셨다. 그리고 독생자를 보내서서 우리의 인생이 이 세상이라는 정원에서 어떻게 꽃피어야 하는지 친히 보여주셨다. 지금 우리는 천국의 기억을 찾아야 한다. 천국은 하나님의 노래에 반응하는 것이다.

하나님의 손길에 내 손을 내미는 것이다. 그렇게 하나님을 닮은 꽃들이 환히 피는 하나님의 정원, 즉 천국을 회복해야하는 것이다. 우리는 그 회복의 열매가 되어야 한다. 주님이

"대답하여 이르시되 천국의 비밀을 아는 것이 너희에게는 허락되었으나 그들에게는 아니되었나니"(마13:11)라고 하시지 않았던가.

호수

단 하루도 거르지 않고
수삼 년 비가 내리면
세상은 호수를 이루고
나는 그 호수에
물결이고 싶어

엷은 바람에도
출렁일 줄 아는
물결로 살아
바람이 되어 내게로 오는
그대를 느끼고 싶어.

■ Faith Essay_ 때로는 세상이 너무 복잡하게 얽혀 있는 것이 부담스러울 때가 있다. 해야 할 일도 많고, 신경써야할 일도 많은 세상에 더러 새 공책을 장만하듯 새롭게 출발하고 싶다는 생각을 해본다.

하나님이 천지를 창조하시고 당신 닮은 사람을 만드시고 복되게 하시려했지만 첫 사람 아담은 자유의지를 오히려 자기 욕구로 바꾸었다. 그러한 이후 결국 하나님은 새로운 역사를 쓰시기 위해 홍수를 허락하시고 온 세상을 호수로 만드셨다. 그래서인지 넓고 깊은 호수를 보면 하나님 새 노트가 생각난다. 저 호수의 물결처럼 하나님의 바람을 느끼며 성령의 바람을 따라 더러는 출렁거리고 더러는 고요한 그대로 주님을 느끼고 싶다는 상상을 해본다. 억센 암초가 아니라 호수의 물결처럼 성령의 바람을 오롯이 느끼며 반응하며 살아가는 그런 호수가 되어 하나님의 역사노트가 되었으면 소망해본다. 우리 임의대로 출렁이는 욕망과 감정을 누그러뜨리는 주님의 소리를 듣기를 기도해 본다.

"예수께서 깨어 바람을 꾸짖으시며 바다더러 이르시되 잠잠하라 고요하라 하시니 바람이 그치고 아주 잔잔하여지더라"(막4:39)

절정 絶頂

섣달이라고 해가 지다니

그믐이라고 달이 지다니

새벽이라고 별이 지다니

가을이라고 낙엽이 지다니

해가 졌다고 꽃이 지다니

그 사랑을 이긴 적이 없는데

어머니, 그 꽃이 지다니

향기는 두고 그 별이 지다니

아무도 이기려 하지 않는데

때가 되면 스스로 지다니.

■ Faith Essay_ 어쩌면 꽃은 필 때가 절정이 아니라, 질 때가 절정인 지도 모른다. 화려한 꽃이 제 시간을 다 쓰고 한잎 두잎 제 화관을 벗을 때 비로소 그 씨앗도 함께 떨어진다. 그때서야 꽃잎에 감추었던 그 씨알을 하늘에 비추고는 이내 땅으로 내려 보낸다. 그 때가 그 꽃의 절정인 셈이다.

'화무십일홍(花無十日紅)' 이요, 우리네 인생도 팔구십에 이르러 결국 자신에 주어진 생업의 시간표들을 챙겨 종점의 개찰구를 빠져 나가야 할 것이다. 아무 것도 없는 상태! 그러나 자기 인생의 가장 빛나는 꽃봉오리와 함께 생명의 씨앗을 기꺼이 이승에 두고 와야 할 시간, 그 때가 바로 인생의 절정이다.

'아무도 이기려하지 않는데 때가 되면 스스로 지는' 꽃의 절정처럼 주님은 우리에게 그 절정을 고대하고 계신다. 당신이 그러하셨던 것처럼 "내가 진실로 진실로 너희에게 이르노니 한 알의 밀이 땅에 떨어져 죽지 아니하면 한 알 그대로 있고 죽으면 많은 열매를 맺느니라"(요12:24)

그믐달

할배의 봉분을 파먹은 여우처럼
꿈을 파먹고 남은 조각
엎었던 바가지 다시 세우며
'두껍아 두껍아 헌집 줄게 새집 다오' [1]
처녀의 부푼 가슴처럼
설레며 별을 담고 있는
가장 캄캄한 날
어른들에게도 찾아오는
가장 달달한 입술
절망의 끝자락에서만 만날 수 있는
천사의 월경(月經).

* 1)구전민요 '두껍이 요(謠)' 인용

■ Faith Essay_ 희망의 그림자는 절망이다. 빛을 등진 세상에는 늘 어둠이 자리잡고 있다. 지구가 둥글고, 달이 둥글고, 시계가 둥들게 돌아가는 것은 그늘진 곳이 늘 그늘로만 있지 않도록 하시는 하나님의 섭리다.

우리가 믿는 하나님은 소망의 하나님이시다. 절체절명의 순간에도 희망을 놓치지 않는 것이 믿음의 핵심이다. 그래서 우리의 신앙은 가시적 물질적 축복으로 증명되는 것이 아니라, 위기와 두려움이 엄습해도 결코 요동치 않는 대응자세로 증명된다.

열매는 욕망이 서린 이적(異蹟)의 현상이 아니라 인격의 성숙, 사랑의 신비를 나타내는 것이다. 지금 우리에게 찾아온 어둠의 세력은 우리가 빛의 존재인가 시험할 것이다. 캄캄한 날일 수록 그믐달도 빛나는 법이다. 성경은 말씀하신다. "여러분이 전에는 어둠이었으나, 지금은 주님 안에서 빛입니다. 빛의 자녀답게 사십시오."(살전 5:5)

젖어서 아름다운

순해서 작은 노래에도
흐르던 눈물
그 눈물들 가슴에 모아
온 몸 늪지를 이루는
수 천년의 땅위에
이제 썩은 비가 내린다

스스로 타들어 가는
잊혀진 땅위에
어느 때 맑은 희망이
한 점 샘을 이루어
다시 촉촉히 적시겠는가
젖은 채로 아름다운
시내를 이루겠는가

그가 다시 오시지 않고서야
그가 내게 오시지 않고서야.

■ Faith Essay_ 지금 우리가 사는 한반도는 미세먼지와 황사로 비바람을 기다릴 때가 많아졌다. 자신이 오염시킨 하늘과 땅을 다시 하늘에게 씻어달라고 비는 상황이 얼마나 이중적이며 가련한가? 그러나 세상은 어차피 오염된 늪지다. 실낙원의 광야에 팽개친 인생들 앞에 생사화복의 주인이신 주님은 직접 오셨고, 더러는 썩음을 막는 방부제처럼, 더러는 악취를 제하는 탈취제처럼 이 땅에 맑은 생수가 되어 주셨다.

그러나 우리는 여전히 오염된 채로 그가 허락한 봄비(이른비)마저 썩은 비로 바꾸어 버리는 범죄를 반복하며 사는 것은 아닐까? 탐욕이 빚은 오염된 땅에 치장의 겉옷을 다 벗고 알몸인 채로 자신을 내어맡기는 참으로 씻음 받기를 원하는 알몸을 주님 앞에 내어 놓고 싶은 봄이다. 생명의 비, 희망의 이른 비가 내리는 새봄을 맞고 싶다. "여호와께서 너희의 땅에 이른 비, 늦은 비를 적당한 때에 내리시리니 너희가 곡식과 포도주와 기름을 얻을 것이요" (신11:14)

귀소

돌아갈 곳이 있다는 것이
얼마나 감사한가

저녁 노을을 따라 긴 행렬을 이룬 새들을 보다
어김없이 제 자지라로 돌아가는 저 미물에도
하나님이 주신 귀소의 섭리가 있음이
얼마나 아름다운지

뛰어도 뛰어도 제자리 그대로인 줄 모르고
분주했던 시간들
수천 길 절벽 위에 몰린 나의 기도를 들으시고
애야, 이제는 그만 돌아오렴,
따뜻한 그 분의 음성

알고도 피해 다닌 그 귀소의 길에
아버지 손짓을 따라 돌아갈 곳이 있다는 것이
얼마나 감사한가

이제 내게 놓여진 여정은
그저 그의 품으로 돌아갈 길 뿐
과거의 시간이 나를 옥죄어 오더라도
돌아가서 내 응석을 들어주실 그 분이 계심이
얼마나 감사 한가
얼마나 기쁜 일인가.

■ Faith Essay_ 굳이 '수구초심'(首丘初心)이라는 말을 하지 않아도 모든 생명에게는 귀소의 본능이 있다. 하늘을 향해 고개를 들었던 꽃잎도 때가 되면 땅으로 돌아가고, 쨍쨍 하늘을 찌르던 해도 저녁이면 이내 어둠속으로 깃든다.

우리의 언어를 보라 '돌아 가셨다?' 이 말에는 원래의 자리가 있었다는 것과 돌아가야 한다는 당위(當爲)가 숨겨져 있지 아니한가. 부요한 아비를 떠나 세상에 허랑방탕(虛浪放蕩)한 청춘을 보낸 아들이 결국 자신의 시간을 낭비하고 아버지께로 돌아오는 탕자(蕩子)의 비유를 통해 우리의 인생을 돌아보게 된다. 문제는 돌아가야 할 줄 알면서도 여전히 아버지의 집 문턱에서 세상과 아버지 사이 우왕좌왕 망설이는 우리의 연약함을 발견케 된다. 우리의 영원한 양식이 되시고 생명이 되시는 주님을 두고 우리는 생명밖에서 생명을 찾고 있지는 않았는지 회개하게 된다.

지금은 종교심이 아니라 그 자체로 우리의 떡이 되려 오신 영원한 양식이신 예수님께로 온전히 돌아가야 할 때다. 우리를 근심하여 죽은 그가 다시 오셨고 천상으로 가실 때 우리가 염려되어 성령님을 보내신 주님, 그 분에게로 돌아가야 할 그 길 외에 무슨 길이 있겠는가? "예수께서 이르시되 나는 생명의 떡이니 내게 오는 자는 결코 주리지 아니할 터이요 나를 믿는 자는 영원히 목마르지 아니하리라"(요6:35)

부도(不到) 2

두려움이 두려움을 껴안고

깊은 수렁에 잠긴

시계

멈춘

그날

거기 누구 없소.

■ Faith Essay_ 몇 해 전 영화 '국가부도의날'을 관람하며 아내와 나는 눈물을 훔치곤 했다. 그 국가부도의 사건은 연약한 젊은 자영업자를 비켜가지 않았기 때문이다. 기업도산과 실업, 파산의 소용돌이에서 어떤 이는 극단적 선택으로 절망으로부터 도망쳤고 어떤 이는 서울역 지하도 어디쯤 종이박스에 자신을 의지하는 노숙자가 되어 세상으로부터 숨어버리기도 했다.

영화를 보며 자신을 회상할 때 그 때 만약 내가 주님을 찾지 않았다면 어음대신 하나님이 내게 도착하지 않았다면 나도 그 부도의 소용돌이에서 어떠한 불행을 맛보았을지도 모를 일이었다. 아무 것도 오지 않을 것 같은 시계 멈춘 그날, 그 때 그 분을 만날 수만 있다면, 구원을 베푸시는 주님이 오시기만 한다면 우리의 불행은 더 이상 불행이 아니라 연단의 시기이며 단 열매를 맛보기 위한 눈물의 추수기가 됨을 체험하였다.

힘든 시기를 건너가는 인생들에게 오늘 주님은 말씀하신다. "두려워 말라 내가 너희와 함께 함이니라 놀라지 말라 나는 네 하나님이 됨이니라 내가 너를 굳세게 하리라 참으로 너를 도와주리라 참으로 나의 의로운 오른 손으로 너를 붙들리라"(사41:10)

제 6시의 묵상 82×42cm 2006

제3부

희락의 열매를 따라가는
시와 말씀 묵상

몸이 하나요 성령도 한 분이시니
이와 같이 너희가 부르심의 한 소망 안에서
부르심을 받았느니라

엡 4:4

위험한 의식

태초에 세족식은 없었다
사람이 만든 거룩함이란
발바닥에 찍힌 생애의 지도가
흐물흐물 풀어지는
쓸쓸한 주문(呪文)같은 것

확인되지 않는 청결의 율법
발보다 깨끗한 손이 아니라면
타인의 발을 씻는 일은
언제나 질벅의 의식

노아의 홍수 이래
무균의 샘은 없었다
정화수에 비친 제사장의 얼굴
그 눈에 티끌은 어찌하랴

새벽을 창조한 신이
사람의 발을 씻는 날
한번만 허용되는 그 위험한 의식에서
나는 내 발에 묻은 지도를
아프게 아프게 떼고 있었네

발을 씻는다는 것은
껍질을 벗겨낸다는 것
발등에 떨어진 하늘을 건진다는 것
발목을 떼어 하늘로 보낸다는 것.

■ Faith Essay_ 예수님이 십자가 희생을 앞두고 제자들의 발을 씻으며 기독교의 세족식은 시작되었다. 발을 씻어주신 이가 주님이었지만 세상 온갖 더러운 땅을 밟고 온 이는 언제나 우리들이었다. 길을 씻는 것이 아니라 발을 씻어야 행적을 씻는 것인데 그 발조차 스스로 씻을 수 없는 우리들을 위해 주님은 친히 발을 닦아주셨다.

'새벽을 창조한 신이 사람의 발을 씻는 날' 우리의 과거의 발자국도 그의 십자가에 함께 못 박혔어야 했다. 그러나 우리의 오래된 발은 다시 십자가를 내려와 주님이 닦아 준 먼지를 다시 묻히며 살아가고 있다. 어쩌면 세족의식이란 더럽혀진 내 발의 껍질을 벗겨내기 위해 내 발 앞에 도착한 주님을 맞이하는 일이다. 그야말로 내 고집의 발목을 떼어 그 분 앞에 내어 놓는 일이다.

세상에서 볼 때 가장 위험한 하지만 하늘의 삶을 사는 가장 거룩한 의식이 아니겠는가.

다윗은 자신의 범죄 이 후 이렇게 고백했다 "우슬초로 나를 정결하게 하소서 내가 정하리이다 나의 죄를 씻어주소서 내가 눈보다 희리이다"(시 51:7) 그리고 우리 주 예수 그리스도께서는 주님이 발을 씻겨 주심을 거부하는 제자 베드로에게 "내가 너를 씻어 주지 아니하면 네가 나와 상관이 없느니라"(요13:8)

그릇에 대한 기억

속을 채우건 아니 채우건
배부름을 몰랐을 때에는
비어있음이 이처럼 비겁한 줄 몰랐다
무엇을 비운다는 것이
무엇을 채우는 일보다 얼마나 어려운가
중년의 공복감은
이마에 어설픈 독기로 드러나
그저 까닭없이 분노한다
이 풍진 세상
거처를 찾지 못하는 혼처럼
나를 휘감아 오는 기억이여
내 유전(流轉)의 가난한 기억이여.

■ Faith Essay_ 인간은 얼마나 속을 채워야 배가 부를까? 삶의 그릇에 남은 욕망의 찌꺼기가 신앙의 그릇에도 묻어 있음을 본다. 가시적인 축복에 가려진 청빈의 자유를 다시 돌아본다. 우리는 신앙의 외투를 입고 있으나 여전히 세속의 사슬에 매여 있는 것은 아닌지 돌아본다.

성공 신화에 매몰된 교회와 세상을 하나님 앞으로 돌이키는 일은 무엇을 채우기 위해 노력하기보다 무언가 비워내는 기도와 행위를 통해서 가능할 것이다. 오늘도 나는 제대로 눈을 뜨고 있는가 돌아보자. 참으로 보아야할 것 제대로 보고 있는가 회개하고 또 회개할 일이다.

지혜자 솔로몬은 말한다. "은을 사랑하는 자는 은으로 만족하지 못하고 풍요를 사랑하는 자는 소득으로 만족하지 아니하나니 이것도 헛되도다 재산이 많아지면 먹는 자들도 많아지나니 그 소유주들은 눈으로 보는 것 외에 무엇이 유익하랴 노동자는 먹는 것이 많든지 적든지 잠을 달게 자거니와 부자는 그 부요함 때문에 자지 못하느니라"(전5:10~12)

멀리뛰기

저마다의 가슴에 심판의 자를 품고
우리는 우리의 팔이
날개로 돋지 못함을
내내 아쉬워 했다

하나 둘, 하나 둘
흔들어 짚어보는 날들

저 빛나는 세상 밖으로 날지 못하는
안타까움 마저
발아래 두고
오늘도 팔을 흔든다

아, 뜬다
뜨자, 뜨자
누구든 뜨는 순간은
새가 될 수 있다.

■ Faith Essay_ 요즘 세상은 최저임금, 생활임금 문제로 분분하다, 혹은 지금껏 그러려니 했던 '갑의 횡포'가 '을의 반격'으로 새로운 평등 인식이 확산되고 있다. 복음서에서 예수께서는 포도원 일꾼의 품삯 비유에서 평등한 생활임금을 비유로 말씀해주신다.(마20:1~16) 물론 이것이 반드시 품삯(임금)만을 의미하는 것은 아니지만 그 이야기에는 세상 가치의 우선 순위와 하나님 나라의 우선순위의 뒤바꿈을 강조하고 있다. 즉 하나님 나라를 사는 성도들은 말씀의 기준을 따라 사는 것이 곧 영생의 삶이다.

우리의 꿈은 무엇을 얼마나 소유하느냐에 있지 않고, 얼마나 건강하고 평화로운 삶을 살 것인가에 있다. 물론 강요된 안정이나 화해는 진정한 평화를 이룰 수 없다. 그러나 성도인 우리는 자신의 형편이 비록 세상적으로 '을'의 가깝다 하더라도 우리의 양식과 안식을 반드시 책임지시는 주님을 의지하여 물질보다는 영적인 성장을 목표로 살아가야 '나중 된 자가 먼저 되는' 은혜를 경험할 수 있다.

오늘도 '멀리뛰기' 하는 사람들에게 하나님나라와 교통하는 신령한 날개가 주어지기를 기도한다. "예수께서 제자들을 불러다가 이르시되 이방인의 집권자들이 그들을 임의로 주관하고 그 고관들이 그들에게 권세를 부리는 줄을 너희가 알거니와 너희 중에는 그렇지 않아야 하나니 너희 중에 누구든지 크고자 하는 자는 너희를 섬기는 자가 되고 너희 중에 누구든지 으뜸이 되고자 하는 자는 너희의 종이 되어야 하리라"(마20:25~27)

건널목

우리 죄없이 멀어졌다 해도
저 길목 어디쯤엔가
물빛 하늘이 열리고
뿌리의 대물림처럼
목젖 휘도록 합창할 것이다

한 시절의 돌아섬도
기다림의 속절함도
순종의 날에 비내릴 반가움으로
가슴가슴 다독이고
다만 부끄러워 하자

한 빛으로 만나는
길목의 의미는
꿈속에서 아름답구나.

■ Faith Essay_ 사람과 사람이 멀어진다는 것은 누군가의 부끄러움이나 원망이 해결되지 않았기 때문이라 하나님과 사람사이가 멀어졌다는 것 또한 원망과 불신이 남았기 때문이다. 하나님이 사람을 원망하고 불신했다기보다 인간이 늘 하나님을 원망하고 도망쳐왔다.

이 땅이 하나님의 나라인 것과 우리가 하나님을 닮은 자녀인 것과 그리고 하나님이라는 한 빛으로 살아야 할 운명 공동체인 것을 잊어버린 것이다. 하나님의 본체시나 동등함을 취하시지 않고 우리와 한 빛이 되기 위해 오신 예수님, 하늘이신 그가 흙빛으로 우리에게 오셨는데 흙인 인간이 마치 하늘빛인양 그가 가까이 올수록 피하는 모순을 지금도 행하고 있다. 종교심만으로 해결할 수 없는 그와 한 빛이 되는 것은 다름 아닌 그의 빛 안에 자신을 내려놓는 일이다.

어떤 죄성도, 부끄러움도, 원망도, 절망도 예수 그리스도의 빛 아래 내려놓자. 그리고 서로서로 가슴가슴 다독이며 노래하자. 우리는 환한 빛 안에서 만나야 하는 한 형제자매다.

"하나님과의 아름다운 만남이 이 땅에서 이루어지는 기적의 가족들이다. "몸이 하나요 성령도 한 분이시니 이와 같이 너희가 부르심의 한 소망 안에서 부르심을 받았느니라"(엡 4:4)

도깨비풀

마음보다
몸이 먼저 간다

꽃이 아니라
가시가 되어
그대에게로 간다

가시가
꽃이 될 때까지

바람에 실려
바람에 실려.

■ Faith Essay_ 이 세상 상처 없는 영혼이 어디 있냐고 이야기하지만 대부분의 상처는 깊은 영적 반응보다 몸의 반응이 먼저 일어날 때 발생한다. 누구에겐가 꽃이 되기보다 가시가 먼저 되어버렸던 과거가 다시 상처가 되기도 한다.

어린 시절 마을 뒷산에 뛰어 놀다 옷에 붙어 따라온 도깨비 풀씨는 누군가의 몸에 실려 어딘지도 알 수 없는 곳에 자신을 내려놓는 것을 본 적이 있다. 도깨비풀씨에게는 비록 꽃이 아니라 가시로 붙어 왔지만 그 가시가 마침내 꽃으로 피고 다시 가시로 전해지는 섭리가 있었다.

우리네 삶도 누구에겐가 꽃이 아니라 가시가 되어 가도라도 더러는 그 가시가 꽃이 될 때까지 시간이라는 바람, 영이라는 바람에 내어 맡길 일이다. 나의 가시가 나를 찌르지 않고 누군가를 통해 꽃으로 피어나도록 내어 맡기는 도깨비풀같은 삶의 지혜가 필요한 때이다.

"내게 무슨 악한 행위가 있나 보시고 나를 영원한 길로 인도하소서"(시 139:24)

제 9시의 아침 82×42cm 2006

제4부

인내의 열매를 따라가는
시와 말씀 묵상

우리가 사방으로 우겨쌈을 당하여도 싸이지 아니하며
답답한 일을 당하여도 낙심하지 아니하며,
박해를 받아도 버린 바 되지 아니하며
거꾸러뜨림을 당하여도 망하지 아니하고,
우리가 항상 예수의 죽음을 몸에 짊어짐은
예수의 생명이 또한 우리 몸에 나타나게 하려 함이라

고후4:8-10

구옥舊屋을 떠나며

예닐곱살 흔들리는 이빨
하나님 부르듯이
두꺼비를 부르며
지붕을 향해 던졌지

십 수 년이 흘러
턱밑에 수염이 나고,
세례를 받고
거룩한 예배를 드리는 나는
문득 흰 뼈의 한 조각을 찾는다
그것을 그리움이라 여긴다.

오래 전
이미 뿌리를 내린
새 어금니
잊은 채 아직도 노래한다

'두껍아 두껍아
헌집 줄게 새집 다오'

■ Faith Essay_ 우리의 신앙은 처음을 얼마나 간직하고 있을까? 우리의 교회는 주님이 처음 교회를 세우실 때 그 모습을 지키고 있을까? 새롭고 신선했던 '처음'이라는 경험! 어쩌면 '새롭게'라는 유혹으로 원래의 것을 지워가면서 살았던 것은 아닐까?

사실 우리의 새로움이란 바로 우리의 근원을 찾는 일, 우리의 첫사랑은 따지지 않고 이기적이 않는 전적인 사랑이었다. 지금 우리에게 필요한 것은 믿음의 경륜이 다시 어린아이와 같은 처음으로 돌아가는 일은 아닐까.

"너희가 자기를 위하여 공의를 심고 인애를 거두라 너희 묵은 땅을 기경하라 지금이 곧 여호와를 찾을 때니 마침내 여호와께서 오사 공의를 비처럼 너희에게 내리시리라"(호세아10:12)

마늘밭에서

마늘 밭은 온통 매운 것 투성이
제법 매끈하게 하늘로 입 벌린 마늘 꽃
단내 아래 사월의 햇살 머금은
육쪽의 눈물 알갱이
꽃만 하늘로 향한다고,
잎새만 세상을 바라본다고
원망하지 마,
온몸에 어둠을 감쌌다고,
우울해 하지 마,
그 슬픔을 애써 피하지도 마

절절한 눈물이 익어갈 때
매운 것들로 빈틈없이 여물어 갈 때
벗을수록 새하얀 속살
젖은 땅 헤집을 때
비로소 세상을 열어 보는 거야.

■ Faith Essay_ 마늘의 특성은 어두운 땅속에서 하얀 열매를 맺는다는 것이다. 아무도 들여다 보지 않는 캄캄한 세계에서도 자기의 속살을 채우며 세상을 밖을 향한 꿈을 영글어 가는 것이다. 지금 자신의 인생이 마치 사방이 막힌 지하세계 같다고 서러워하는 이에게 하나님의 피조세계 자연이 주는 메시지는 때로 위로가 된다.

젖은 땅 헤집고 세상을 열어보기 위해 마늘은 화려한 봄날에도 그 땅 밑에서 자신의 꿈을 키워온 것처럼 당장의 어려움과 당혹스러움 무엇보다 아무도 보이지 않는 외로움이 사방 우겨쌈을 당할지라도 우리는 결코 지하세계에 갇힐 수 없는 하늘이 허락한 생명의 씨앗이자 빛의 열매임을 잊지 말자.

캄캄할 수록 답답할수록 오직 주님을 바라보자. "우리가 사방으로 우겨쌈을 당하여도 싸이지 아니하며 답답한 일을 당하여도 낙심하지 아니하며, 박해를 받아도 버린 바 되지 아니하며 거꾸러뜨림을 당하여도 망하지 아니하고, 우리가 항상 예수의 죽음을 몸에 짊어짐은 예수의 생명이 또한 우리 몸에 나타나게 하려 함이라"(고후4:8-10)

인어왕자

방학 내내 학비를 벌려 나간
아들의 등짝에 난
지느러미를 보았네
학과 생의 업이
어깨에 문신을 그릴 무렵
반인반어(伴人半漁)의 시간을 보낸
아비의 흉터가
아들의 아가미에 걸린 것을 보았네

고래의 내장에 갇힌 요나처럼
사람인 듯 물고기인 듯
지옥인 듯 천국인 듯
그렇게 유영하는 푸른 물고기를
거울을 보듯 오늘도 보고 있네

믿음과 소망과 사랑이라는
그물에 갇힌 내 이름을
아들의 지느러미에서
차마 지울 수 없었네

수초도 없는 망망대해
내 아가미에 걸린
오래된 기도문을
아들에게서도 보았네
인어가 되어
또, 인어가 되어.

■ Faith Essay_ 신앙을 가졌다고 아픔이 무디어지는 것은 아니다. 사고나 상처가 사라진 것은 더욱 아니다. 신학대학을 다니는 아들이 학비를 벌기위해 겨울방학 내내 택배물류센터에서 밤새 택배 상하차 일을 하고 아침에 돌아오면 기절하다시피 잠들곤 했다. 꼭 가난 때문에 자식을 자립의 현장에 내보낸 것은 아니지만 아르바이트 하는 동안 아버지로서 아픔과 미안함이 떠나지 않았다.

믿음과 소망과 사랑이라는 신앙의 그물 안에 아들을 집어넣고 육신의 고된 시간을 말없이 지켜보노라면 실로 사랑하는 일에도 고통이 따르는 것임을 새삼 깨닫게 된다. 요나가 물고기 뱃속을 경험하지 않았다면 그는 온전한 선교사 될 수 있었을까? 자기 문제에 대한 실체적 고민과 자기부족을 주님앞에 고백하지 않고 아들이 세상을 이길 수 없다고 믿어 학비벌이의 현장으로 보냈시만 그 고된 이께를 보노라면 예수님을 골고다 십자가 형장으로 보내신 아버지 하나님의 눈물이 떠오른다.

감히 주님의 희생에 비할 수야 없지만 부디 아들이 자기 존재에 대한 깊은 인식을 통해 현장과 기도의 삶을 더욱 깊이 배우기를 다시금 기도하며 하나님의 시험과 위로의 말씀을 다시금 새기게 된다..

"여호와께서 이르시기를 내가 나를 가리켜 맹세하노니 네가 이같이 행하여 네 아들 네 독자도 아끼지 아니하였은즉 내가 네게 큰 복을 주고 네 씨가 크게 번성하여 하늘의 별과 같고 바닷가의 모래와 같게 하리니 네 씨가 그 대적의 성문을 차지하리라"(창22:16~17)

눈꺼풀

구순(九旬)의 어머니
눈만 뜨면 말씀 하시네
그저 눈 질끈 감고 살아라
어둠은 물리치는 것이 아니라
모른 척 눈 감는 거야
더러는 눈 감아야
안 보이던 길도 보이는 법이란다
그래서 하나님이 우리에게
눈꺼풀을 붙여 주셨는가
힘들면
눈 한번 질끈 감으라고.

■ Faith Essay_ 어쩌다 나이가 쉰살넘어 지천명의 중턱에 닿고 보니 사물과 현상은 보는 만큼 아는 것이 아니라 보는 만큼 착각하는 것이 아닌가 생각이 든다. '무엇'을 봐야 하는 문제보다, '어떻게 보여야 하나'에 더 몰입된-마치 사시의 눈길로 살아 온 날이 더 많았다

바라 보아야 할 것을 놓친 채 엉뚱한 시각, 엉뚱한 정보를 껴안고 스스로 다 본 것처럼 다 아는 것처럼 제한된 안목을 지니고 살아온 시간 속 어머니 말씀처럼 더러는 눈을 질끈감고 아무 것도 보지 못하는 맹인처럼 살아야한 다는 생각이 든다.

예수님이 소경 바디매오를 고치신 것은 순전히 본다고, 그래서 다 안다고 착각하는 종교주의자 바리새인들을 향해 던진 메시지였다. 육신의 눈을 뜨게 하는 것이 기적의 목적이 아니다. 영의 눈, 보이지 않는 것을 볼 수 있는 눈, 즉 '보임' 이전의 감감한 무지의 각성괴 육안의 세계너머 볼 수 없는 곳(것)까지 보는 눈, 그 참 진리를 발견하는 눈이 그립다. 예수님은 여전히 맹인이면서 본 채하는, 아는 채하는 내게 오늘도 말씀 하신다.

"내가 심판하러 이 세상에 왔으니 보지 못하는 자들은 보게 하고 보는 자들은 맹인되게 하려 함이라 (하시니 바리새인 중에 예수와 함께 있던 자들이 이 말씀을 듣고 가로되 우리도 맹인인가) 예수께서 이르시되 너희가 맹인 되었더면 죄가 없으려니와 본다고 하니 너희 죄가 그저 있느니라"(요9:39~41)

—지금 내게 필요한 것은 보지 말아야 할 것에 눈감고, 진정 보아야할 것 보게하는 영적 눈꺼풀이 더욱 필요할 때다.

눈물샘2

가만히 들여다보면

내 속에 고인

빗물 일렁거리고

소리내어 소리내어 불러보니

빗물은 파도가 되어

가슴을 치네

부서지도록 치네.

■ Faith Essay_ 하나님이 우리 안에 샘을 몇 개 만들어 주셨는데 하나는 잘 먹으라고 침샘, 하나는 몸에 열기를 빼라고 땀샘, 또 중요한 샘이 바로 눈물샘이다. 눈물샘은 우리 눈에 이물질을 씻어 내는 역할과 감정의 응어리를 물로 분출하는 역할을 해준다. 신앙인이라고 해서 맹목적 무조건 하나님만을 바라보면 오히려 눈물샘이 터질 것 같다.

병아리가 모이를 먹을 때 하늘 한번 모이 한번 처다보듯이 우리도 우리의 내면을 들여다 볼 필요가 있다. 내 안에 일렁이는 그리움은 무엇인지, 내가 소리내어 부를 때 왜 눈물이 나는 지 내 안에 고인 상처, 아픔, 외로움, 절망감을 제대로 씻어 내고 있는지, 들여다 볼 수 있어야 한다.

하나님께 부르짖을 때 마다 자신에게도 소리쳐야 하리라. 하나님이 허락하신 눈물샘을 맘껏 자극시켜야 하리라.

"내 영혼아 네가 어찌하여 낙심하며 어찌하여 내 속에서 불안해 하는가 너는 하나님께 소망을 두라 나는 그가 나타나 도우심으로 말미암아 내 하나님을 여전히 찬송하리로다"(시편42:5)

소래산에서

산을 잃은 사내가
길을 두고 울고 있네

천둥처럼 복받치는 두려움으로
잃은 산을 찾아 헤매고
보일 듯 보일 듯이 반짝이는 능선
그 발아래 맨드라미처럼
그저 흔적 없이 살고 팠을까

누가 길을 잃었다 했는가
보이는 산을 놓치면
길마저 잃어버리는 것을

소래산은 내려와
길 앞에 섰고
우는 사내의 등에는
긴 어둠이 새벽까지
능선을 이루고 있네.

■ Faith Essay_ 인생은 누구나 제 각기 길을 정하고 어디론가 가고 있다. 사람들은 그 길을 더러는 생존의 길이라 믿고, 더러는 진리의 길이라고도 믿는다. 길 위에 세워진 표지판을 보며 나아가지만 그 표지판보다 훨씬 선명하게 지녀야 할 표적이 바로 목적지다. 더러 가야할 길을 잃어버려 산을 찾는 경우가 있다. 그 때 올라가는 산은 자신의 길을 찾기 위해 오르는 과정(過程)의 능선이다.

우리는 자신의 목적이 분명해지면 그냥 길을 떠나는 경우가 있다. 그러나 스스로 정한 목적지 그 길을 믿고 한 참을 걸어 온 후에 잘못 들어선 것을 깨달았을 때처럼 당혹스러운 시간을 종종 경험하게 된다. '신앙'은 잘못된 길에서 돌이키는 경고판이다. 제 뜻대로 길을 성하고 달려가다가 길의 끝을 만났을 때, 다시 산으로 올라가 저 아래 펼쳐진 세상 다시 보게 하는 리턴의 표지판이다.

인생의 미로(迷路)에 갇혔을 때 차라리 자신이 기억하는 길을 버리고 능선으로 올라 갈 일이다. 산(山)을 잃으면 길조차 잃어 버리게 되는 것이 인생들이다. 지금도 내 앞에 우뚝 버티고 우리의 태산(泰山) 예수의 산에 다시 올라야 하리라. 거기서 새 길을 찾아야 하리라.

"우리는 다 양 같아서 그릇 행하여 각기 제 길로 갔거늘 여호와께서는 우리 모두의 죄악을 그에게 담당시키셨도다"(사 53:6)

눈물의 카푸치노

상처도 깨어지고 깨어지면

가루가 될 수 있을 거야

시간의 맷돌에 놓인 기억의 분말

마침내 감각도 없는 포말이 되어

갓 짜낸 기름처럼

끈적한 눈물로 내릴 수도 있을 거야

사랑도 이별도

하얀 거품처럼

달콤할 날 올거야.

■ Faith Essay_ 한 때 '눈물 젖은 빵을 먹어보지 않고는 인생을 논하지 말라' 는 말이 인생성공담에 많이 인용되기도 했다. 우리가 욥과 다윗에게서 배울 것은 고난에 대한 신앙적 자세일 것이다. 고난을 인과응보(因果應報)의 대가로만 해석하려는 자기본위(自己本位)적 사고로서는 불현듯 닥쳐진 시련이나 고통에 대하여 해결책만 찾으려 하지 이 상황을 통해 하나님의 뜻과 메시지를 헤아리려 하지 않는 것이 보통의 모습이다.

때로는 상처가 가루가 될 때까지 기다리고, 기억이 으깨어질 때까지 참으면 우리의 인내는 곧 달콤한 깨달음으로 바뀔 수 있다. 지금 어려움에 닥쳐 있다면, 이별과 슬픔과 외로움에 처해 있다면 오히려 잠잠히 주님을 바라보자. 말없이 말씀하시는 그 분의 음성을 기다려 보자. 그 때 우리의 영적 청각이 더욱 명료해지며 우리의 눈물로 영안이 더욱 밝아지는 은혜를 경험하게 될 것이다. 지금은 바로 주님이 타 주시는 눈물의 카푸치노가 더욱 필요한 때다.

갈보리의 밤(Ⅲ) 33.3×53cm 2002

제5부

양선의 열매를 따라가는 시와 말씀 묵상

너희가 너희의 땅에서 곡식을 거둘 때에
너는 밭모퉁이까지 다 거두지 말고
네 떨어진 이삭도 줍지 말며
네 포도원의 열매를 다 따지 말며
네 포도원에 떨어진 열매도 줍지 말고
가난한 사람과 거류민을 위하여 버려두라
나는 너희의 하나님 여호와이니라

레19:9~10

몽학도 蒙學徒

길을 몰라 길을 잃은 적보다
아는 길 고집하다
길을 놓친 적이 많았네
강단(講壇)의 위엄이
강단(降壇)의 위험으로 바뀌는 줄도 모르고
목청 돋우며 살아 왔네

눈을 다친 사람들의
지팡이가 되고자 했던 서른 살은 떠나고
이제 지팡이를 무기로 삼아
눈을 잃은 사람들의
길마저 빼앗으며 살아 왔네

강을 건너는 요령에는
강이 마를 때까지
혹은 강이 얼어붙을 때까지
기다릴 줄 아는 것임을
깨닫지도 가르치지도 못했네

그 놈의 지팡이 때문에
빈 주머니 툴툴 털며
오늘도 뒤 따라오는 이들에게
길을 물었네
묻고 또 물었네.

■ Faith Essay_ 누구에게나 스승은 있다. 그가 참 스승이냐 아니냐는 차치하더라도. 내게도 잊지 못할 스승님이 계셨다. 참으로 고맙고 평생 잊지 못할 선생님이 몇 분 계신다. 고교시절 방황하던 나를 잡아 주셨던 담임선생님, 나의 문학의 길에 격려와 질책을 아끼지 않으셨던 문단의 스승님, 무엇보다 내 신앙과 목회에서 늘 아버지처럼 대해 주시던 내 인생의 단 한 분의 목사님, 그 분들의 은혜가 모두 '하나님의 인도하심' 이라는 믿음이 있지만, 문득 나 자신을 돌아보았다.

나는 시인으로서, 문학과 신학을 전공한 학자로서 후학을 많이 가르쳤다. 또한 현장 목회에 나와 이런저런 연유로 성도들에게 성경을 가르친 선생 노릇을 해왔다. 스승의 날 자신에게 물어보았다. 나는 참 선생인가? 나를 참 스승으로 생각하는 제자가 있을까? 상투적인 인사치레가 아니라 인생을 걸고 나를 부친처럼 의지하도록 영적 멘토가 되어 본 적이 있는가? 돌아보면 솔직히 자신이 없었다.

어쩌면 '선생' 이라는 지팡이로, '목사' 라는 지팡이로 오히려 내 앞에 선 사람들 혹은 내 등 뒤에서 나를 바라보는 사람들 앞에 신념과 경륜이라는 이름으로 '고집' 을 부리며 그들의 길을 잘못 인도하는 '몽학도(蒙學徒)' 는 아니었을까? 정말 성경이 가르친 대로 나도 가르치고 있는가? '선생' 된 자로서 돌아보게 된다.

성경은 우리에게 말씀하신다. "그리스도 안에서 일만 스승이 있으되 아버지는 많지 아니하니 그리스도 예수 안에서 내가 복음으로써 너희를 낳았음이라 그러므로 내가 너희에게 권하노니 너희는 나를 본받는 자가 되라"(고전 4:15-16)고. 아버지(하나님)의 마음을 가지고 오직 복음으로 제자를 낳는 단 한번이라도 참 스승이 되고 싶다.

틈

날마다
암벽을 탄다

누군가의 빈틈이
내 삶의 계단이
되어 주었던 것처럼

숭숭 뚫린 내 빈틈
누군가 타고 올라
메마른 꽃봉오리에
이슬이 되어준다면

내 빈틈 사이사이
향기로
채워진다면.

■ Faith Essay_ 사람들은 자신에게 빈틈이 있는 것을 경계한다. 그러나 다른 사람의 빈틈은 오히려 이용하거나 즐기는 것을 보면서 우리들에게 숨겨져 있는 '틈'에 대한 이중적 태도를 돌아보게 된다. 빈틈에 대한 배려는 자신에게나 타인에게나 똑같이 필요하다.

자신의 빈틈을 못견뎌하는 만큼 숨 막힌 인생은 없다. 모자란 만큼 겸손하고 겸손한 만큼 다시 사랑으로 채워지는 것이 모자람의 미학이다. 타인의 빈틈을 자기 인생의 계단쯤으로 여기는 경쟁사회는 하나님나라의 모습이 아니다. 누군가는 그의 빈틈을 채워주는 향기가 되어야 한다. 사랑이 되어야 한다. 빈틈없이 꼭 막힌 인생이 되기보다 더러 숭숭 뚫린 빈틈으로 자신과 타인이 교감하는 통로를 내어주어야 한다.

하나님은 우리에게 완벽보다는 배려를 가르치고 있다. "너희가 너희의 땅에서 곡식을 거둘 때에 너는 밭모퉁이까지 다 거두지 말고 네 떨어진 이삭도 줍지 말며 네 포도원의 열매를 다 따지 말며 네 포도원에 떨어진 열매도 줍지 말고 가난한 사람과 거류민을 위하여 버려두라 나는 너희의 하나님 여호와이니라"(레19:9~10)

호조벌 소금바람

들길 옆 갯강을 따라
엄마와 딸이 손을 잡고
산책을 하네

호조벌 들판에
염분 섞인 봄이 오면
바다가 내어 준 몸 한 조각
이삭이 패일 무렵
저 서해바다는 푸른 눈물을
갯 강으로 흘려 보내겠네

바다가 어미였다면
호조벌은 바다를 떠난 딸
모녀의 그리움이
푸른 눈물 푸른 이삭으로
만나겠구나

호조벌을 보면 알듯하네
바닷물이 왜 짠지
눈물이 왜 짠지.

■ Faith Essay_ 경기도 시흥에는 300여년 전 조선 경종 때 가난한 백성들을 위한 구휼미(救恤米)를 생산하기 위해 조정 호조부(戶曹府)에서 포리, 미산리, 매화리, 도두머리, 하중리 등 소래포구로 연결되는 넓은 내만 갯벌을 간척하여 호조벌이라는 벌판을 만들었다.

군주의 긍휼심으로 소금밭갯벌을 쌀이 나는 옥토로 만들었던 것이다. 바다의 풍경은 잃었지만 사람은 살아났다. 무엇을 잃는다는 것은 곧 무엇을 얻는다는 것, 호조벌을 산책하는 모녀의 산책길에 만나는 소금바람은 이 벌판도 잃어버린 소금밭이었음 알게 해준다. 논밭이 만들어지면서 바다가 떠난 것처럼 우리의 신앙도 먹고 사는 일로 분주해 질 때 바다이신 주님을 잊게 된다.

우리는 그가 육지로 내보낸 소금이다. 우리가 세상에 취해 있을 때 소금으로서 짠맛을 잃어버리게 된다. 더러 회개의 눈물, 고통의 눈물, 그리움의 눈물을 흘리다 보면 우리의 눈물에 소금이 묻어 있다는 것, 우리에 피에 소금이 흐르고 있음을 알게 된다. 우리는 오랜 세월 바다의 신부였던 것이다. 저 넓고 푸른 호조벌처럼. "너희는 세상의 소금이니 소금이 만일 그 맛을 잃으면 무엇으로 짜게 하리요"(마5:13)

적멸시인 寂滅詩人

  공자(孔子)의 시는 인간의 언어로 빚어낸 지혜의 놀이터였다 아리스토텔레스의 시는 직관(直觀)으로 그리는 우주의 모방(模倣)이었다 다윗의 시는 두려움으로 토해내는 죄인의 최후 진술이었다 역사는 언제나 시인을 분주하게 했지만 시는 가식과 절규의 경계가 되어 말없는 이에게 말을 걸어 주었을 뿐 인간의 어리석음은 역사의 모래시계가 되었고 시는 착시와 착각이 엮어낸 눈물의 목걸이가 되었다

  시인은
  무언가 앎으로
  시를 쓰는 것이 아니라
  도무지 알지 못해
  쓸쓸히 노래를 부르고는
  우주 속으로
  사라져버린다
  새벽달처럼.

■ Faith Essay_ 성경은 하나님의 사람이 그려낸 거대한 문학적 텍스트로 이루어져 있다. 문학은 인간의 제한성을 인간 스스로에게 질문하지만 성경은 하나님 자신이 인간에게 문학적 비유로 대답해주고 있다.

우리 기독교인들은 성경속의 다양한 역사와 인간의 모습을 통해 하나님의 공의와 사랑을 동시에 깨닫게 된다. 그것을 하나님과 인간의 관계에 대한 풍성한 상상력으로 이해하기보다 지나치게 교리적으로 규범적으로만 적용하려는 종교자세에 치우쳐 있다.

돌아보면 나 자신을 포함하여 신앙의 연륜이 더 할수록 더 겸양해지고 배우기보다는 자신이 아는 것과 경험한 것을 자랑하고 가르치기에 더 급급해지는 것은 아닌지 반성하게 된다. 우리의 신앙은 사실 살수록 어려운 공의와 평화의 삶을 좀 더 성취하고 나누기위해 주님께 의지와 능력을 구하는 것이 되어야 한다.

스스로의 제한성을 인정하고 날마다 주님께 지혜와 길을 구하는 궁극적으로 자신은 사라지고 오직 주님의 빛만 보이는 그러한 기도를 드리고 싶다.

"사람의 행위가 자기 보기에는 모두 정직하여도 여호와는 심령을 감찰하시느니라 의와 공평을 행하는 것은 제사 드리는 것보다 여호와께서 기쁘게 여기시느니라 눈이 높은 것과 마음이 교만한 것과 악인의 형통한 것은 다 죄니라"(잠언21:2~4)

팽이치기

예닐곱 동심이 모여
팽이를 친다

때리는 법을 알고부터
쾌감을 눈치 챈 아이들
누구나 왔다가는 세대지만
언제 그런 감각을
배웠는지 모른다

쾌속으로 도는
일상의 공전 속에 놓여 진 팽이채 하나
어느 동심이 팽이채를 놓고
또 다른 방법을 배우러 갔을까

때리고 맞는 연습속에
되감겨오는
불감(不感)의 나날.

■ Faith Essay_ 팽이를 치는 아이들을 보노라면 때려야 돌아가는 세상을 함께 보게 된다. 하나님없이 사는 세상은 언제나 강자존(强者存)의 서바이벌게임으로 지탱해왔다. 오늘날도 소수의 강자는 다중의 약자를 때려 시장(市場)을 돌리는 팽이치기 같은 폭력적 질서를 유지시켜가고 있다. 민족과 민족, 지주와 소작농, 개인과 개인이 이러한 비인격적 구조속에서 위장된 평화가 만연할 때 예수께서는 때리는 자의 편이 아니라, 맞으며 돌아가는 사람에게로 오셨다.

강자존, 즉 갑(甲)중심의 체제아래 생존경쟁을 벌이는 을(乙)의 삶은 늘 상처와 두려움에서 살 수 밖에 없었다. 예수 없는 세상은 악이 존재할 수밖에 없다. 우리의 종교심 안으로 스며든 팽이치기 승자논리는 성공의 범례가 되어 교회 안에도 침범해 있다. 우리의 성공의 발밑에 누군가 눈물과 상처가 있다면 그것은 위험한 성장이다.

에클레시아로서 교회는 규모의 성장이나 권력 추구의 축복 신앙은 버려야 할 팽이채와 같다. 예수 신앙은 때리며 성장하는 쪽이 아니라 맞으며 돌아가는 사람에게로 향해야 한다. 그리고 폭력의 팽이채를 빼앗아 스스로를 치는 회개의 자기채찍으로 삼아야 한다. 그때서야 예수께서 채찍 아닌 나를 통해 세계를 돌리실 것이다.

"이는 성도를 온전하게 하여 봉사의 일을 하게 하며 그리스도의 몸을 세우려 하심이라 우리가 다 하나님의 아들을 믿는 것과 아는 일에 하나가 되어 온전한 사람을 이루어 그리스도의 장성한 분량이 충만한 데까지 이르리니"(엡 4:12~13)

낮과 밤 33.3×53cm 1994

제6부

자비의 열매를 따라가는 시와 말씀 묵상

대답하여 가로되 네 마음을 다하며
목숨을 다하며 힘을 다하며 뜻을 다하여
주 너의 하나님을 사랑하고 또한
네 이웃을 네 몸과 같이 사랑하라 하였나이다
예수께서 이르시되 네 대답이 옳도다
이를 행하라 그러면 살리라 하시니

눅10:17~18

서울역 방향제

 서울역 화장실 센서 방향제를 보면 사람보다 공평하다 말쑥한 신사가 들어가도 칙— 가출한 비지땀 학생이 들어와도 어김없이 칙— 노숙자 남루한 차림에도 기꺼이 칙— 변비의 영업사원 구린내에 시달려도 칙—자기의 향기를 외모나, 직업이나, 나이나, 성별이나, 돈이 있으나 없으나, 화장실에 오래 머물렀거나 금방 나가거나, 차별함이 없이 자기 가진 것 다 바닥날 때까지 묵묵히 제 향기를 줄 뿐이다 줘놓고 대가를 기다리지 않는다 서울역 화장실 방향제, 나보다 공평하다 나보다 성실하다.

■ Faith Essay_ 사랑은 끝까지 쏟아 붓는 것이다. 하지만 그 사랑이 빛나려면 공정해야 한다. 짐승도 제 자식은 사랑한다, 내 가족, 내 교인에 국한된 우리의 사랑은 공평한가. 그러한 우리의 신앙은 참으로 공정한가? 교파논리나 개교회주의로는 예수사랑의 빛을 온전히 발할 수 없다.

예수님의 사랑은 유대인이나 이방인이나 치유가 필요한 곳에 그저 치유의 은혜를, 굶주린 곳에 일용할 양식의 은혜를, 심령이 곤고한 자에게는 평안의 은혜를 주셨다., 지금도 동일한 방식으로 일하신다. 사랑에 유불리를 따질 수 없듯이, 나눔과 섬김에 손익을 계산할 수 없다. 우리의 믿음은 이러한 유무상통의 예수의 사랑방식을 믿고 행하는데 있다. 자기 몸을 내어주되 차별함이 없이, 끝없이 넓고 깊은 사랑이 바로 우리가 지녀야 할 영원한 강령이자 선지다. "대답하여 가로되 네 마음을 다하며 목숨을 다하며 힘을 다하며 뜻을 다하여 주 너의 하나님을 사랑하고 또한 네 이웃을 네 몸과 같이 사랑하라 하였나이다 .예수께서 이르시되 네 대답이 옳도다 이를 행하라 그러면 살리라 하시니"(눅10:17~18).

주여! 오늘도 저희에게 치우침이 없고 피아(彼我)를 구별하지 않는 십자가의 넉넉한 사랑을 허락하소서!

그리운 봉자씨

　1951년 봄 전쟁 통에 태어난 봉자씨, 열일곱 살 마장동 식모살이 1년 동안 촌스러워 손도 타지 않았다는 주인 말에 그냥 웃었다는 그녀가 식모에서 공장으로 공장에서 식당으로 식당에서 고아출신 남자에게서 아들을 낳고 그 남편이 죽고 그녀가 홀로 세상을 떠도는 동안 우리는 봉자씨를 그리워하지 않았다 그녀의 아들만이 정반대 방향에서 가난한 제 어미의 뒤를 추적하고 있었다 아들이 아들을 낳는 동안 지병과 만병만 키워 왔다 평생 외롭다는 말 대신 돈이 없다고 말하는 봉자씨가 순천에 내려가 영구임대아파트가 당첨되었다고 이제 정말 딱 혼자 살기 좋게 되었다고 더 이상 자기를 아는 체 말라고 전화를 걸고는 심장에 화가 차서 막걸리로 식힌다는 그녀의 수화기에서 갑자기 엄마가 그립다고 말했다 엄마를 떠난지 60년이 지나 돈 대신 엄마가 그립다는 봉자씨, 그리운 봉자씨.

■ Faith Essay_ 인생에서 곤고함은 언제나 그림자처럼 따라 다닌다. 한 여인의 인생에서 가장 애달픈 것은 삶의 종점이 가까울수록 돈보다 그리움이고, 육체적 안락보다 엄마의 품이 그리워진다는 것이다. 오늘의 어머니는 곤혹과 피곤이 일상이 되어 살아 온 분들이다. 사랑하는 일과 돈을 버는 일을 함께 해야 하는 중첩된 노동이 끝나고 지치고 병든 육신 속에 갇힌 자신의 영혼을 들여다보면 한없는 연민과 서러움이 샘솟는다.

우리는 자신의 문제에 매몰되어 가족의 마음을 제대로 헤아리지 못할 때가 많다. 지금은 우리의 곁을 돌아볼 시간이다. 엄마는 아들의 마음을, 아들은 엄마의 마음을 미처 다 알지 못함으로 오는 서러움처럼 지금 우리는 누군가의 서러움을 들어 줄 시간이 필요하다. 책임과 역할을 따지기보다 그저 나도 당신이 그리웠다고 사랑했다고 서로의 등을 토닥여줄 따뜻한 공감이 절실할 때다. 주님이 부탁하신대로 ."아버지께서 나를 사랑하신 것 같이 나도 너희를 사랑하였으니 나의 사랑 안에 거하라"(요15:9)

천수 賤壽

여덟 살 배기 둘째 놈이 학교 앞에서 500원짜리 병아리를 사들고 왔다 엄마랑 형이랑 모두 금방 죽을 걸 왜 사왔니 야단쳤지만 그놈은 이내 자기가 살려서 닭으로 만들 거라며, 또 알을 낳게 할 거라고, 그래서 박스에 신문을 깔고 병아리를 넣어 두었다 그리고 기도를 했다 이튿날 병아리는 죽지 않았다 그날 오후 아들이 돌아와 병아리를 보자 병아리는 힘차게 울어 주었다 다시 하루 밤이 지나 삼일 째 되었다 조간신문에 여섯 살 여자아이가 부모의 학대와 방치로 죽었다는 기사가 실렸다 만 사흘이 지나 병아리는 죽었다 아들은 울었다 난 바보야 게임만 좋아했지 병아리 하나 보살피지 못했어 엉엉 울었다 지 형은 말했다 거 봐 곧 죽는댔잖아 살 만큼 살았네 살 만큼

여섯 살 소녀,
라면박스 안에 동그랗게 누워 있었다.

■ Faith Essay_ 우리가 장수하면 천수(天壽)를 누렸다고 모두 부러워한다. 장수하면 과연 천수이고 단명(短命)하면 천수가 아닌가? 생명은 모두 귀하고 충분히 행복할 필요가 있다. 시간의 길고 짧음이 아니라 생명의 가치가 얼마나 빛났는가가 천수(天壽)의 기준이 될 것이다.

최근에는 잘 없지만 과거에는 학교 문밖에 병아리 장수가 종종 노란 병아리들을 가지고 순수한 아이들의 마음을 흔들어 팔곤 했다. 모두 경험했다시피 대부분의 병아리는 보통 3~4일을 넘기지 못하고 죽는다. 슬퍼하는 동심을 통해 곧 죽을 생명을 세상에 돈을 팔고 내놓는 세대에 대하여 혀를 차기도 했지만 그 죽은 병아리를 기억하는 이는 아무도 없다.

문득 우리 주변에 관심밖에 있는 사람들을 생각해본다. 가난하다는 이유로, 질병이라는 이유로, 장애라는 이유로, 가난한 나라의 이방인이라는 이유로 평범한 사람들로부터 멀어진 뭇 생명들이 아직 우리 주변에 함께 하고 있다.

마치 라면박스에 동그랗게 누워있던 병아리처럼 누구에게도 기억되지 않는 쓸쓸한 생명이 없는지 돌아보고 또 돌아봐야겠다. "네 생각에는 이 세 사람 중에 누가 강도 만난 자의 이웃이 되겠느냐 이르되 자비를 베푼 자니이다 예수께서 이르시되 가서 너도 이와 같이 하라 하시니라"(눅10:36~37)

포리에서

  가난을 탓하기보다 바다 곁에서 살고 싶어 소래 포구가 멀리 보이는 염전이 있었던 마을 시흥 포리 근처로 이사를 왔다 39번 국도를 하루를 시작하고 마치면서도 바다를 보지 못했다 일감을 찾지 못해 무료한 날 바람과 함께 염전 길을 걸으며 저기 쓰러질 듯 버티고 있는 소금창고를 본다 바다가 떠나보낸 포리 염전에 나와 까맣게 잊었던 소년의 꿈들이 썩지 않은 채 꿈틀거림을 본다.

노을 지는 갯벌
머언 기억으로부터 살아
뭍으로 오르는 노래

열여섯 소년
잃어버린 콧노래
아득히 밀물을 타고
내게로 온다.

■ Faith Essay_ 우리는 성경속에서 예수님을 따라 낮고 가난한 곳에 임하라고 배웠다. 가난에는 자기 불성실과 지혜부족으로 인한 가난을 '소극적 가난' 이라고 하고, 내 비록 가진 것이 많든 적든 있는 것을 나눔으로 부유함에 취하지 않는 '적극적 가난' 이 있다. 그런데 우리는 신앙의 가르침대로 적극적 가난을 행한다는 신앙적 명분을 가지고 오히려 적극적으로 물질과 명예에 집착하는지 모른다. 사람들은 분주한 일상에 벗어가고파 귀촌(歸村), 혹은 귀농(歸農)을 이야기한다.

그런데 어느 지역으로 가느냐 보다, 어디에 목적을 두고 여유를 찾느냐가 중요할 것이다. 참 은혜는 좀 부족한 듯 좀 외로운 듯 살아가는 가운데 역사하시는 하나님을 만나는 것이다. 비록 염전을 사라졌지만 바다내음이 느껴지는 갯벌에서 아득한 소년시절의 순수한 기억이 살아나듯이 무엇을 많이 준비하고 기대하기보다 무엇을 비워낼 것인가 먼저 생각하는 '품위있는 가난' 이 우리에게 찾아오기를 기도해본다.

세리 삭개오와 예수님의 대화는 우리가 어디로 가야할지 잘 보여주고 있다. "삭개오가 서서 주께 여짜오되 주여 보시옵소서 내 소유의 절반을 가난한 자들에게 주겠사오며 만일 누구의 것을 속여 빼앗은 일이 있으면 네 갑절이나 갚겠나이다 예수께서 이르시되 오늘 구원이 이 집에 이르렀으니 이 사람도 아브라함의 자손임이로다 인자가 온 것은 잃어버린 자를 찾아 구원하려 함이니라"(눅19:8-10)

그에게로부터 온 편지 2

 내가 예루살렘 도성에 입성해서 찾아간 회당에는 식민지 권력과 맘몬에 빠진 종교지도자들이 그 수족들을 회당 문 앞에 세우고 가난한 민중들이 예배를 드리기 위해 정성스런 예물을 준비해오는 것을 임의대로 부정타하고 네 탐욕의 기준으로 거짓 예물을 강매했다 성전 안에는 오염된 예식만이 무거운 짐이 되었을 때, 나는 회당의 환전통을 둘러엎었다 너희들의 시간 2천 년 전에 예루살렘은 '평화도성'이란 뜻이다 평화는 또 무엇이냐 '먹을 것을 고루 나누다'가 아니냐

 거룩함을 생산성과 비교할 수 있느냐
 내 것을 네 맘대로 찢을 수 있느냐
 내 피를 그들의 독주와 함께 마실 수 있느냐

 그러고도,
 정녕 너희들이 그러고도
 지옥의 심판을 피하겠느냐
 뱀들아!
 독사의 새끼들아!

■ Faith Essay_ 한국기독교는 한말 개항 전후에 선교가 시작된 이래 민족의 격랑의 역사와 함께 발전해왔다. 일제 강점기와 동족상잔의 6.25전쟁은 다분히 주변 열강들의 이해관계에 희생된 면이 없지 않지만 그러한 시대의 흐름속에서도 한국 기독교는 성장을 더 해왔다.

시련과 극복의 역사 속에 하나님의 임재를 경험했지만, 경제성장과 함께 급속한 팽창을 이룬 그 이면에는 초대신앙의 순수성을 오염하는 세속적(世俗的) 모습이 교회안에도 흘러 들어왔다. 선지자적 외침으로 인한 고독의 수행보다 외형화, 대형화의 유혹에 휩쓸리고 제사장의 권위와 대접만이 교회질서의 모습이 되어 버린 현상을 보노라면 부끄럽고 참담하기 그지없다. 때로 우리는 '경제'라는 비이성적 비신앙적 구조에 갇혀 진리는 오간데 없고, 기복(祈福)의 그림자만이 우리 내부에 똬리를 틀고 있는 것은 아닌지 회개하게 된다.

지금은 소유의 시대가 아니라 적극적 나눔의 시대다. 교회도 성도도 부자도 가난한 이도 한결같이 내것을 내려놓고 그를 따라야할 때이다. 예수님은 분명히 말씀하셨다. "네가 온전하고자 할진대 가서 네 소유를 팔아 가난한 자들에게 주라 그리하면 하늘에서 보화가 네게 있으리라 그리고 와서 나를 따르라"(요19:21)

녹향병원 앞 은강교회

소사역에서 출발한 막차는
쌀이 많이 났다는 미산리를 지나
소금밭이었던 포리염전을 지나
매화꽃 없는 매화리를 지나
연꽃이 피는 하중리 관곡지를 지나
녹향병원앞에서 멈춰섰다

병실마다 미등은 켜지고
병원 앞 교회당 십자가는
빨갛게 익어갔다

버스에서 내리는 사람들의
시간은 언제나 자정
응급실 앞 빨간 십자가
누군가는 죽고
누군가는 살았다

시간의 임계점臨界點
녹향병원 앞 은강교회
붉은 십자가
유난히 붉다.

■ Faith Essay_ 필자는 늦게 신학을 하고 수도권 변방인 시흥의 한 작은 교회에 부임했다. 안정된 교회의 부교역자 자리를 사양하고 홀로 광야로 나선 것은 기도 중에 하나님이 계속적으로 '광야에 헤매는 영혼이 있다. 그곳으로 가라'고 지속적으로 내 속에서 말씀하시는 것 같았다. 우여곡절 끝에 필자가 찾은 교회 앞에는 작은 병원이 있었다. 가난한 이웃들이 이런저런 이유로 병원을 찾고, 더러는 거기서 회복치 못하고 병원을 떠나고 마을을 떠나고 가족을 떠나는 몇몇 사람들을 지켜보았다.

우리의 인생은 누구나 광야에 버려진 외로운 하이에나처럼 방황하고 있는지 모른다는 인생들에 대한 연민이 내게로 밀려왔다. 가난한 마을에 작은 교회에 십자가의 불을 켜두고 그들의 쓸쓸한 영혼을 위해 기도하는 동안 내 눈물을 닦으시며 함께 우셨던 주님을 만나기도 했다. 주님은 내 들썩이는 어깨를 감싸며 '너도 나처럼 그냥 품어주면 안되겠니? 너보다 좀 가난하거나 모자라도"라고 말씀하셨다. 깊은 내면의 대화로부터 깨달은 것은 나를 살리신 주님 그 사랑으로 이웃들에게 다가가야 한다는 것과 외형의 크고 작음이 아니라 깊고 진실함으로 십자가 붉은 빛을 켜야 한다는 것을 깨닫게 되었다.

사랑이 깊으면 믿음도 깊어지겠지만, 사랑이 깊을수록 그리움도 깊어지는 것처럼 쓸쓸한 내게 주님이 찾아오신 것처럼 나도 시간의 임계점에 놓인 쓸쓸한 그들에게로 찾아 가야 하리라. 그 누구든지 가난함으로 인해 죽어 가는 것이 아니라 가난함으로 그 영혼이 생명을 얻도록, 주님과 함께 평화롭도록 그 일을 도우려 오늘도 나는 그들에게로 찾아가야겠다.

비탄의 대관식 27.3×22cm 2000

제7부

충성의 열매를 따라가는
시와 말씀 묵상

그런즉 너희는 먼저 그의 나라와 그의 의를 구하라
그리하면 이 모든 것을 너희에게 더하시리

마6:33

발자국

　지나온 발자국을 돌아보았다 발바닥의 지문보다 구두의 뒷굽이 더 선명했다 이승의 벌판을 두루 헤매다 불현듯 부딪힌 돌부리에 마침내 신을 벗는다 감싸던 또 하나의 껍질이 벗겨질 때 비로소 피 맺힌 맨발을 본다 잃어버린 발가락의 지문을 찾게 되었다 촘촘히 문양을 그린 발 지문에서 내 안의 우주를 본다 광야에 새로 새길 발바닥을 본다 상처 난 돌부리가 생의 반환점이 되었다 우주의 중심이 되었다 상처는 아름답고 발자국은 더욱 선명해졌다.

■ Faith Essay_ 현대인은 자전(自轉)의 운명을 지닌 지구(地球)처럼 스스로 멈출 수 없는 행려자(行旅者)의 운명을 가졌는지 모른다. 병들어 눕지 않고서는 차마 쉴 수 없는 노동의 굴레에서 더러 잠깐의 쉼과 평안을 누리지만 인생 절반의 시간을 어디론가 떠도는 것으로 보내고 있다. 어느 날 예기치 않게 닥친 시련이나 상처가 있을 때 비로소 우리는 주변을 둘러보고 나를 들여다본다.

오랜 신앙의 경륜을 가졌다하더라도 삶의 생채기가 깊어질 때에야 비로소 삶을 돌아보는 모순의 시간을 우리는 사는 것이다. 자신이 걸어 온 시간, 그 발자국에 새겨진 미숙한 결정체들, 과정이 과정으로 끝나지 않고, 자신이 내린 결론이 결론으로 마무리 될 수 없는 어정쩡한 자리. 그 때서야 비로소 밖이 아니라 안을 들여다본다. 내 안에 웅크린 채 나를 기다리는 영혼을 들여다본다. 마침내 영혼에게 길을 묻는다. 앞으로의 시간에 대해 묻게 된다, 내 안에 나를 기다리는 영혼의 뿌리에게 상처난 자신의 발을 내민다. 그가 바로 우리를 위해 여전히 울고 계시는 성령님이 아니신가? 내 발자국보다 상처난 발을 씻으시는 주님이 아니시던가?

지금도 지친 우리에게

"수고하고 무거운 짐 진 자들아 다 내게로 오라 내가 너희를 쉬게 하리라"(마11:28)라고 부르시는 주님이 아니시던가? 그 분을 뵈올 때야 마침내 우리의 상처가 우주의 초점이 되는 것과 회복의 출발점이 되는 것을 알게 되는 것이다.

천직 遷職

엉거주춤한 자신을 잡아당겨
서 있는 자리를 다시 보았다
바라보는 자리마다
단애(斷崖) 앞이라
가던 길 멈추고
그에게 길을 묻는다

이러지도 저러지도 못하는
불혹의 세월 앞에
잠자는 아내를 흔들어 깨워
여보, 나 이제 돈벌이 그만둘래
아내 왈, 그러세요, 그럼 내가 돈 벌지요
이래서 내 직업명은
이제 아내가 대답해주게 되었다

찰나에 결정된 천직(遷職)의 밤은
섣달그믐 밤처럼
차고도 깊었다.

■ Faith Essay_ 필자는 불혹의 나이를 앞두고 감히 소명을 받았음을 확신하고 사명자가 되기로 서원하고, 아내에게 나의 직업을 바꾸기로 결단하면서 쓴 시다. 물론 아내는 나의 기도를 전적으로 신뢰했고 지금까지 그 '천직'(遷職)에 대하여 순종하고 있다. 작지만 행복한 교회, 뻔한 축복보다는 성품의 변화, 공동체의 변화를 추구하는 사역을 감당하며 은혜의 시간을 맛보고 있다. 무엇을 바꾼다는 것 특히 생계의 방식을 바꾸는 일은 엄청난 두려움과 기대가 교차하는 것이리라.

사실 우리의 신앙은 바로 우리의 생계의 방식을 바꾼 일이다. 잘 먹고 살기 위해서 오히려 신실한 신앙이 더욱 필요하다. 바꾸어 말하면 하나님은 우리의 믿음만큼 일용할 양식과 입을 것과 거룩함을 함께 허락하시는 분임을 목회사역 16년 동안 날마다 확인하고 있다.

어찌 이 은혜가 목회자에게만 주어지랴 온 성도가 먼저 하나님 나라의 백성으로서 그 영적 삶을 포기하지 않는 일, 그 거룩한 사랑을 누리며 나누며 사는 일은 우리의 생계를 전적으로 주님께 의지할 때만이 가능하다. 오직하면 주님이 이렇게까지 당부 하셨겠는가 "그런즉 너희는 먼저 그의 나라와 그의 의를 구하라 그리하면 이 모든 것을 너희에게 더하시리라"(마6:33)

밥숨

아침을 거르고
점심을 건너뛰고
저녁에는 그냥 잤다는
그녀에게
먹고 사는 것이
죄가 될 리 있겠냐만
일 때문에 밥을 거르는 일이나
밥 때문에 숨을 거르는 일은
자기에게 죄를 짓는 일
이라고 말하고는
나도 식은 밥 한 숟가락을 뜬다
찬밥이 목구멍에 넘어갈 무렵
묵은 한숨이 가슴에 얹혔고
마음속에는
긴 괘종소리가 울렸다
밥과 숨을 함께 쉬는
일없는 하오(下午)를
나도 그리워했다.

■ Faith Essay_ 현대인은 누구나 바쁘고 지쳐있다. 필자의 유년기만 해도 농사철이라 해도 저녁이면 온 식구가 둘러 앉아 함께 밥을 나누었다. 그야말로 밥상공동체로서 본질을 놓치지 않았는데 산업화와 현대화를 거쳐 정보화시대는 모든 사람을 분주하게 했고 조급하게 했고 경쟁속으로 몰아넣었다. 가족의 얼굴을 보기보다 그저 목표치를 향해 달리기만 하는 이 시대에 '밥 먹었냐?'는 안부가 낯설어 졌고, 안식의 의미는 쾌락으로 대체되는 불안정한 시대에 살고 있다.

오늘날 우리가 무엇 때문에 하루 한 끼의 식사조차도 가족과 나눌 수 없게 되었을까? 5G인터넷, KTX, 급행전철 우리는 얼마나 더 빨리 달려야 할까? 지금 우리는 세상의 목표보다 거룩한 안식을 찾아 가야한다. 그곳은 다름 아닌 바로 밥상공동체의 회복이자 예배의 회복이다.

그야말로 '밥숨'의 안식이 필요한 때다. 에레미야선지자의 경고를 다시금 새겨들을 때다. "너희가 나를 청종치 아니하고 안식일을 거룩케 아니하여 안식일에 짐을 지고 예루살렘 문으로 들어오면 내가 성문에 불을 놓아 예루살렘 궁전을 삼키게 하리니 그 불이 꺼지지 아니하리라"(렘17:27)

사즉생 死卽生

　아버지가 돌아가시고 아버지를 이야기했다 박정희가 죽고 박정희를 말하고 김대중이 죽고 김대중을 말한다 사람은 죽어서야 제 말을 듣는다 사람은 죽어서야 제 점수를 받는다 예수의 사람 바울도 자아가 살아 있을 때 '오호라, 나는 곤고한 사람이라' 그렇게 부르짖었다 내가 살아 있는 만큼 나의 대한 모든 말들은 번민이 된다

　　내 안에 꿈틀거리는 이단(異端)
　　나를 살린다고 자꾸 딴 말을 시킨다
　　내가 죽어야 내 말을 할 텐데
　　내 속의 나는 숙지 않고
　　그저 살려 달라고 소리만 친다.

■ Faith Essay_ 신앙이 있다고 자아의 모든 문제가 해결되는 것은 아니다. 우리는 육신을 입고 있는 이상 감각에 민감할 수 밖에 없다. 자아가 건강치 못한 경우 상황을 늘 감정적으로 받아들이고 자기감정을 다시 자기합리화로 바꾸는 그야말로 이기적 습성이 반복되는 것이다. 이것은 신앙을 가진 이후에도 쉬 변하지 않는다. 자기중심적 기복신앙에서 자기교회 중심적 성장신앙으로 마침내 자기중심적 말씀해석까지 이르도록 불순한 자아가 생생히 살아 오히려 자신의 영을 죽이는 경우를 종종 본다. '생즉사사즉생'(生卽死死卽生)의 교훈은 예수의 십자가 희생에서 우린 깨달았다.

민족을 살리기 위해 죽음을 불사하고 기도했던 에스더의 '죽으면 죽으리라' 는 자기 비움처럼, 오늘도 나는 누군가를 살리기 위해 나를 얼마나 죽이고 있는가? 주님은 돌아온 탕자들에게 새생명의 선교 사명을 주시면서 말씀하신다. "무릇 자기 목숨을 보존하고자 하는 자는 잃을 것이요 잃는 자는 살리리라 "(눅17:33)

부도 不到

도착하지 않았다는 뜻이다
어느 사랑했던 여인인들
이토록 애절했을까

돌아오지 않는 약속들 앞에
망연히 서서
그저 종이 닮지만 접었다 편다

비수같이 냉정한 세월에도
질기게 돋는 미련이여

내가 나를 난도질,
또 난도질하는 동안
해는 서쪽으로 기울고
차디찬 달빛이
쓰러진 나를 비춘다

멀리
초저녁 별이
나의 맥박을 잰다.

■ Faith Essay_ 어음을 남발하던 시절이 있었다. 약속금액과 지급예 정날짜가 적시된 쪽지 한 장에 많은 인생들이 휘청거리던 때가 있었 다, 부도난 수표를 들고 발목을 잃어버린 것처럼 둥둥 떠다니던 사람들의 절 망을 필자도 얼마간 경험한 적이 있었다.

늦은 나이에 목사가 되어 개척을 하고 이 사람 저 사람에게 전도를 하노라면 반은 아예 반응도 없지만 반은 반신반의로 수표를 발행한다. 다음 주 교회 갈께요, 급한 일 끝나면 교회 갈께요, 꼭 갈께요, 그렇게 약속한 수표는 대부분 부도나고 어렵게 등록한 교인도 예배나 정기모임에 빠져 더러 혼자 남은 자신을 볼 때 전도자로서 내 자신의 부족과 열악한 환경을 탓하며 20여년 전 그 부도의 밤을 다시 떠올리게 된다.

'나는 목사가 되어도 부도중인가' 그런 쓸쓸한 연민이 스칠 때 문득 주님의 음성이 들린다. "열 사람이 다 깨끗함을 받지 아니하였느냐 그 아홉은 어디 있느냐 이 이방인 외에는 하나님께 영광을 돌리러 돌아온 자가 없느냐" 하시고 내게 이르시길 "일어나 가라 네 믿음이 너를 구원하였느니라" 하신다.(눅17:11-19)

아멘! 주님, 남은 아홉을 찾으러 다시 나가겠습니다. 주님 저와 동행하소서. 할렐루야!

따뜻한 슬픔

그대 곁에 다가오는
따뜻한 슬픔을 기억하라

생의 한가운데
불현듯 찾아온 외로움
해일(海溢)처럼 두려울 때
기억하라
그대 가슴 헤집고 들어오는
어린 아이 같은 따뜻한 슬픔을

엄습하는 그리움이
왜 노래가 되어
그대 곁을 떠나지 못하는지
눈물 아니라고
이내 젖어 버릴 사랑을
그대 기억하라.

■ Faith Essay_ 우리는 일반적으로 슬픔은 그늘이거나 어둠에 속하는 감정이고, 기쁨은 마치 밝음이거나 빛에 속한다고 관념화 되어 있다. 그러나 예수님의 가르침은 정반대다. "심령이 가난한 자는 복이 있나니 천국이 그들의 것임이요 애통하는 자는 복이 있나니 그들이 위로를 받을 것임이요"(마5:2~3)라고 하셨다.

그렇다면 우리의 삶의 현장에는 슬픔을 반드시 슬픔으로만 볼 수 없는 하나님의 뜻이 존재한다. 자신의 기쁨이 곧 하늘의 복이 되리라는 것은 어쩌면 확신할 수 없는 것이 주님의 가르침이다. 따라서 우리는 결핍이 드러날 때 오히려 천국을 바라보아야 하고, 주체할 수 없는 슬픔과 아픔이 몰려올 때 하늘의 위로를 의지해야 한다. 주님의 가르침은 우리들의 기도 제목이 자신을 위해서는 오직 회개의 제목으로만, 이웃과 민족과 열방을 위해서는 아픔과 슬픔을 나누고 간구하는 제목이 되어야 함을 깨닫게 해주셨다.

주님의 기뻐하실 일로 외로워지거나 슬퍼지는 종들에게 주님은 오늘도 말씀하신다. "의를 위하여 박해를 받은 자는 복이 있나니 천국이 그들의 것임이라 나로 말미암아 너희를 욕하고 박해하고 거짓으로 너희를 거슬러 모든 악한 말을 할 때에는 너희에게 복이 있나니 기뻐하고 즐거워하라 하늘에서 너희의 상이 큼이라 너희 전에 있던 선지자들도 이같이 박해하였느니라"(마5:10~12)

까띠뿌난[2]에서 만난 예수

달력도 없고 신문도 없는
까띠뿌난 마을에
손톱에 때를 묻히며 그는 서 있다

십자가도 초라한 예배당 모퉁이에
뽀얀 살의 내가 부끄러이 고개 숙이니
곱슬머리 맑은 눈의 그가
잘 왔다 인사한다

내가 기다리던 그가
나를 기다리던 그가
온 마을을 사랑으로 불을 밝히고
함께 노래하자 한다

함께 부르는 노래 가락
흔드는 손끝마다
환한 웃음 눈물겹다

물소 달구지를 타고
도시로 떠나는 형제를 위하여
손 흔드는 까띠뿌난의 예수

다시 보자
거룩한 손 오늘도 흔들고 있다.

* 까띠뿌난 : 필리핀 딸락지방 까빠스 오지마을. 아직 문명의 영향이 거의 없는 곳에 한국 선교사가 현지에 교회를 개척, 원주민 선교활동을 하고 있다.

■ Faith Essay_ 몇 해 전 필리핀 최현수선교사가 사역하고 있는 까띠뿌난 지역의 오지마을을 다녀온 적이 있다. 해외선교현장을 다녀올 때 마다 느끼는 것이지만 극심한 가난과 무지 그리고 우상숭배라는 공통된 상황이 존재하지만 원주민의 순수함은 어디에나 동일했다. 까띠뿌난 방문시 만난 현지인 사역자에게서 필자는 적잖은 부끄러움을 느꼈다. 그들보다 안락한 생활, 세련된 문화로 포장된 나의 비본질적인 삶의 양식이 오히려 송구스러웠다.

환경이 어찌하든 오직 복음으로 사람들에게 평안의 은총을 전하고자 노력하는 선교사나 현지 가난한 목회자가 진정 하나님의 나라를 이루려 온 작은 예수가 아닌가? 지구촌에는 여전히 예수를 모르는 사람이 많고 그로 말미암아 자신의 소중함도 모르고, 따라서 죄도 모르는 곳을 향해 작은 예수들이 인생을 송두리째 걸고 화려한 도시가 아닌 오지에서 새로운 천국을 이루고자 눈물의 기도로 사역하는 선교사들과 현지 사역자들의 노고에 위로와 감사의 인사를 드린다.

모자

　미국 엘피지에이에서 우승한 여성골퍼 신지애가 쓴 흰모자에 '하이마트' 상표 선명하다 그녀는 우승 인터뷰 내내 한 번도 그 모자를 벗지 않았다 누구에게나 스폰서는 있다 자신에게 씌워진 모자가 있다 하이마트 모자를 쓴 신지애처럼, 죽음 앞에서도 가시면류관을 벗지 않았던 예수처럼, 누구에게나 벗지 말아야 할 모자가 있다

　햇살 몹시 따가운 날
　아련한 기억으로
　모자를 찾는다.

■ Faith Essay_ 프로골퍼 선수는 경기 중이든 경기가 종료된 후든 자신의 모자를 함부로 벗지 않는다. 그것은 아마 자신을 후원한 기업의 이름을 지속적으로 알리기 위함이리라. 크리스천이라는 모자를 쓴 우리는 가끔 그 모자에 새겨진 이름 예수그리스도를 얼마나 자랑하고 명쾌한 입장으로 서있는가 돌아보게 된다.

오히려 크리스천이라는 모자로 인해 세상속의 삶이 불편하고 부끄러웠던 적은 없었는지. 예수의 이름으로 씌여진 거룩한 모자에 합당하지 못한 언행으로 우리의 영원한 스폰서인 예수께 도리어 상처를 주고 있는 건 아닌지 돌아보게 된다. 아무리 고되고 지친다 해도 벗지 말아야 할 모자가 있다.

사도 바울은 자신의 제자 디모데에게 쓴 편지에서 그리스도 사도로서 자신의 모자(정체성)를 이렇게 쓰고 있다.

"하나님의 뜻으로 말미암아 그리스도 예수 안에 있는 생명의 약속대로 그리스도 예수의 사도 된...."(딤후1:1) 세상살이가 녹록치 않지만 오늘도 첫사랑의 기억을 찾아 모자를 고쳐 써야겠다. 예수께서 친히 씌워준 '성도'라는 구원받은 이, 거룩한 자의 정체성을 잃어버리지 말아야겠다.

베드로의 새벽 46×73cm 2006

# 제8부

온유의 열매를 따라가는
시와 말씀 묵상

즐거워하는 자들과 함께 즐거워하고
우는 자들과 함께 울라

롬12:15

신발로 돌아 온 사랑

깊은 바다위로 걸어오는 사랑이 있었다
넘실대는 파도위로 발목없이
걸어오는 신발이 있었다
떠나야할 곳 때문에
돌아와야 할 곳을 잃어버린 것처럼
사라져 버린 길을 따라
보이지 않게 돌아온 사랑이 있었다
우리는 너를 상처라고 불렀지
신발을 먼저 보낸 영혼은 이따금씩
낯선 시간에 나를 깨우고는
그 이별의 문턱에 함께 눕자 했지
사랑은 흐르지 않는 소용돌이로 남아 있고
만지지도 못하는 그리움은
사방 파문(波紋)이 되어
아무에게도 알려지지 않는
불치의 병명이 되었다
혼자 남은 신발이 되었다.

■ **Faith Essay_** 매년 4월이면 참으로 잔인했던 2014년 4월 16일의 어처구니없는 슬픔을 떠올리게 된다. 자녀를 가슴에 수장시킨 어머니들의 눈에는 아직도 수학여행에서 돌아오지 않는 아이의 그 해맑은 눈이 서려있다. 아이보다 먼저 돌아 온 신발은 이미 그냥 신발이 아니라 그 가족들에게 불치의 상처가 되었다.

우리가 누군가의 상처를 함께 기억하는 일, 누군가의 상실(喪失)을 함께 애통해 한다는 것은 우리의 영(靈)이 살아 있음이리라. 이 세상 그리스도의 사랑 안에서 사는 우리에게는 아픔을 가진 영혼들을 위해 함께 우는 사랑의 은사를 선물 받았음이리라.

'이제 그만 잊으라' 고 '불편하다' 고 투덜거릴 것이 아니라 그들의 마음에 천국이 임할 때 까지 함께 울어주는 일이 지금 우리가 해야 할 기도의 삶임을 다시금 새겨본다. 성경은 분명히 가르치고 있다. "즐거워하는 자들과 함께 즐거워하고 우는 자들과 함께 울라"(롬12:15)

숟가락

우리조상은 왜
밥 떠먹는 연장에다
'가락' 이라고 이름 붙였을까
아무리 세련된 세상이 와도
밥은 노래이기 때문일까

숟가락 들 때마다
설레이는 입술
숟가락 들 때마다
속삭이는 가락

그래서 오늘도
밥상에는 숟이 아니라
숟가락이구나
오순도순 함께
부르라고
가락이구나.

■ Faith Essay_ 언어에는 정신이 배어 있다. 우리 민족의 언어에도 참 흥미롭고 깊은 의미를 되새기게 한다, 그 중에 한 단어가 바로 '가락' 이다. 노래로 이해하는 가락이라는 단어가 아주 다양하게 적용된다. 소개한 시처럼 '숟가락', '젓가락' 은 물론 '손가락', '발가락' 도 있고, 손가락에 끼는 반지를 가리키는 '가락지' 도 있다. 왜 하나님은 우리의 조상에게 '가락' 이라는 단어를 주셨을까? 아마 그것은 누군가를 가리키는 손가락이나, 어디론가 향하는 발가락은 노래의 방향이 되어야 하는 교훈이 아니었을까?

밥을 먹는 연장으로서 숟가락이나 젓가락 또한 우리는 밥상은 오순도순 함께 부르는 노래의 자리가 되어야 하는 하나님의 뜻이 담겨있는 것은 아닐까? 우리 삶의 방향과 먹고 마시는 모든 일이 가락이 되어 세상의 흥겨움이 된다면 이 땅이 하나님 나라가 아닐까 생각을 하며 오늘도 숟가락 들 때마다.

오늘도 손가락 들 때마다 주님을 향한 기쁨의 노래, 이웃을 향한 사랑의 노래가 되길 소망해 본다. "새 노래로 그를 노래하며 즐거운 소리로 아름답게 연주할 지어다"(시33:3)

하산 下山

천등산 정상에서
신(神)의 사인을 받았으니
그만 내려가야지
결심했었지

그냥 내려가야 할 길을
계시 받은 것처럼
산 아래로 내려가는
내 등 뒤로 일몰의 고요가
그림자처럼 따라오고 있었네

사람들이 산을 내려오면
왜 하산주를 마시는 지
휘청이며 부르는
박달재 노래의 곡조가
왜 슬프고도 즐거운지
알 듯도 하네.

■ Faith Essay_ 어느 은퇴하신 목사님이 모처럼 가족들과 노래방에 가서 '천등산 박달재'를 불렀다는 소식을 전해 들었다. 일평생 주님 찬송하면서 성경연구와 목양일념으로 살아오신 그 분이 왜 가족들 앞에서 오래된 가요를 부르셨을까? '성직'이라는 무거운 짐을 잠시라도 내려놓고 한 인간으로서 가족 앞에 자신을 해방하고 싶었을까? 라는 생각이 들자, 내 안에 자리 잡은 경직된 종교의식이 더러는 세상을 편 가르고, 평화를 옥죄는 굴레는 아닌가 섬짓해 졌다.

사실 사람이 신나서 노래하는 경우보다는 슬퍼서, 답답해서, 어찌할 바를 알지 못하여 노래를 부르는지도 모른다. 성경 시편의 저자들이 한결같이 죽음의 음침한 골짜기를 지날 때 하나님을 그리워하는 노래를 불렀듯이 지금도 인생들은 여전히 자신의 마음을 대신해줄 노래를 찾고 있다. 특히 인생을 한 바퀴 돌아온 이들의 노래는 높은 산을 오를 때 보다 산 정상에서 내려와 벗들과 함께 부를 때 더욱 구성지다.

생애의 일몰이 가까울수록 노래를 부를 수 있길 소망해 본다. 더러는 주님을 향한 구원의 노래를, 더러는 사람을 향한 사랑의 노래를, 마음을 담아, 눈물을 담아 맘껏 부르고 싶다.

"초장은 양떼로 옷 입었고 골짜기는 곡식으로 덮였으매 그들이 다 즐거이 외치고 노래하나이다"(시65:13)

뼈에도 꽃이 피는

탯줄을 자른 자리

골수 대신 눈물이 고이고

골반에 피어난 하얀 꽃

내가 찌른 무심한 못들이 모여

그녀의 가슴에

안개꽃이 만발 하겠구나

온 몸이 꽃밭이 되어

뼈에도 꽃을 피우는

그녀의 쉰 몇 번째 봄.

■ Faith Essay_ 결혼 30년을 앞두고 늦깎이 목회 18년차를 맞고 보니 아내에게 실로 만감이 교차했다. 성경은 분명히 "아내 사랑하기를 그리스도께서 교회를 사랑하시고 그 교회를 위하여 자신을 주심 같이 하라"(엡5:25)라고 가르쳤지만 그 반대로 아내를 마치 제물처럼 써먹었다는 생각이 든다. 평신도 시절에도 나보다 기도의 양(量)이 많았고 봉사도 남달리 열심이었는데 목회자 부인이 되고부터 오히려 자신의 몸과 시간을 목회 내조에 내어줄 수밖에 없는 그야말로 주의 여종이자 남편의 종으로 산 듯하다.

자신의 자궁에서 태어난 아이들을 키우면서도 다른 아이들을 10여년 사랑으로 돌보아 온 아내가 어느 날 육신의 연약함으로 병원을 찾아 X-Lay를 찍었는데 의사 왈 이미 골다공증이 진행되고 있다고 각별히 신경 써야 한다고 당부하는데 그 뼈에 하얀꽃이 피어 있는 것을 발견할 수 있었다. 부족하기 짝이 없는 나를 위해 하나님이 이 여인을 내게 붙여 주셨구나 하고 감사드리다가도 남편으로서 반쪽으로서 제몫을 다 못한 내 자신의 무지에 문득 가슴이 먹먹해졌다.

사도 바울은 자신의 목회서신에서 당부하기를 "남편들아, 아내 사랑하기를 그리스도께서 교회를 사랑하시고 그 교회를 위하여 자신을 주심 같이 하라 이는 곧 물로 씻어 말씀으로 깨끗하게 하사 거룩하게 하시고 자기 앞에 영광스러운 교회로 세우사 티나 주름 잡힌 것이나 이런 것들이 없이 거룩하고 흠이 없게 하려 하심이라 이와 같이 남편들도 자기 아내 사랑하기를 자기 자신과 같이 할지니 자기 아내를 사랑하는 자는 자기를 사랑하는 것이라"(엡5:25-28)고 했거늘 그 뼈에 못 자국을 남기고 흰꽃을 피우다니, 목회를 핑계로 가장 소중한 명령을 어기고 살았구나 회개하게 된다. 돌이켜 제대로 사랑하며 살기를 다짐해본다.

분꽃

이 세상
사랑만큼 충만한
광합성이 어디 있으랴

나는
네 고운 이마 위로
따뜻하게 내려앉는
햇살이다
바람이다.

■ Faith Essay_ 지상의 모든 생물은 광합성(光合成)을 받아야 살아갈 수 있다. 빛이 주는 화학적 물리적 성분이 생명을 존재케 해주는 하나님의 섭리다. 사람에게 광합성을 무엇인가 바로 사랑이 아니던가? 합리성과 생산성을 요구하는 현대사회에게 그 반대편에서 가시적 성과보다 내재적 자기만족을 위해 사랑을 베푸는 사람들은 언제나 그 표정이 빛처럼 밝다.

무엇이 우리의 삶을 빛되게 하는가? '선교(宣敎)'에서 '선(宣)' 자(字)의 훈이 베풀 선, 혹은 빛 선 으로 읽는다. 포교(布敎)와는 다소 다른 의미로 해석된다. 그래서 선교를 교리가 아니라 '빛을 가르치다', 혹은 '베품(사랑)을 가르치다' 로 읽는다년 우리의 선교방향이 어디를 향해야 하는지 좀 더 선명해지는듯하다. 우리는 세상 속에 세워진 교회요 전도지다. 우리의 삶이 사랑으로 완성될 때 비로소 주님이 영광을 받으실 것이다.

구원은 주님의 몫이지만 구원의 삶을 사는 것 즉 빛된 삶은 오롯이 우리의 몫이다. "너희는 세상의 빛이라 산 위에 있는 동네가 숨겨지지 못할 것이요 사람이 등불을 켜서 말 아래에 두지 아니하고 등경 위에 두나니 이러므로 집 안 모든 사람에게 비치느니라. 이같이 너희 빛이 사람 앞에 비치게 하여 그들로 너희 착한 행실을 보고 하늘에 계신 너희 아버지께 영광을 돌리게 하라"(마5:14~16)

산

산을 잃은 아이가 길을 두고 운다
천둥처럼 복받치는 두려움으로 잃은 산을 찾아 헤매고
보일 듯 보일 듯이 반짝이는 능선
그 발아래 맨드라미처럼 그저 흔적없이 살고 팠을까
산은 내려와 길 앞에 섰고
우는 아이의 등에는 긴 어둠이 새벽까지 늘어섰다
누가 길을 잃었다 했는가
넘어야 할 산을 놓치면 길마저 잃어버리는 것을

산을 잃은 아이가
길에 갇혀 우네.

■ Faith Essay_ 대부분의 절망은 능력 없음에서 오는 것이 아니라, 보이는 길이 없음에서 비롯된다. 사람들은 누구나 나름대로 인생의 목표를 세우고 그것을 산 정상인 것처럼 오르기 시작한다. 오르는 일, 높아지고 많아지는 것을 목표로 사는 삶은 늘 고단하고 허기질 수 밖에 없다. 신앙은 무엇을 소유하기 위해 필요한 도구가 아니다. 신앙은 마치 지친 이가 오솔길을 걷듯 세상에서 받을 수 없는 위로와 날마다 신선해지는 생명을 누리기 위헤 하나님이 허락한 좁지만 넉넉한 길을 가는 것이다.

우리는 오늘도 길잃은 소년처럼 울고 있지나 않는가? 우리의 성산(聖山)이신 예수님은 넘어야할 산이 아니라 생명공급의 산이다. 숲들과 나무와 열매와 계곡과 초원이 함께 공존하는 은혜의 공간이다. 그 분은 오늘도 우리에게 당신의 산(山)으로 우리를 초대하시고 길을 열어 놓으셨다.

주님은 말씀하신다. "수고하고 무거운 짐 진 자들아 다 내게로 오라 내가 너희를 쉬게 하리라 나는 마음이 온유하고 겸손하니 나의 멍에를 메고 내게 배우라 그리하면 너희 마음이 쉼을 얻으리니 이는 내 멍에는 쉽고 내 짐은 가벼움이라 하시니라"(마 11:26~30)

해변의 아침 61×38cm 2014

제9부

절제의 열매를 따라가는 시와 말씀 묵상

생명을 사모하고 장수하여
복 받기를 원하는 사람이 누구뇨
네 혀를 악에서 금하며
네 입술을 궤사한 말에서 금할지어다

시편34:12~13

그리운 비수

밖에서 '칼 갈아요' 외치는 소리,
참 오랜만이다
요즘 칼들 '스텐'이라
몇 달을 쓰고도 그대로인데
그래도 칼 가는 사람 있구나

나이테만큼
겹겹이 두룬 고집
출렁이는 뱃살

아이쿠!
여보시오 칼장수.

■ Faith Essay_ 교회마다, 가정마다 개인마다 각자의 소원이 담긴 기도제목을 기도자리에 걸어놓는다. 우리의 소원과 기도는 하나님의 소원과 어떻게 닿아 있을까? 돌아보면 늘 현시적이고 외형적인 결과를 마치 신앙생활의 열매인양 자랑하며 추구하며 살아왔는지 모른다. 우리의 기도 제목이 하나님의 꿈, 하나님의 소원에 닿는 그런 꿈이 되길 소망해보자. 그렇게 되려면 하나님의 거룩한 꿈을 이루기 위해서는 우리의 삶의 둘레에 처진 두꺼운 욕망의 껍질을 잘라내야 할지 모른다. 참으로 평화로운 삶이란 육안과 감각에 만족하는 것이 하니라 하나님의 손길, 하나님의 호흡, 하나님의 음성과 가장 긴밀하고도 예민하게 닿을 수 있는 영(靈)의 촉수가 아니겠는가? 참으로 지금 우리에게 필요한 것은 하나님과의 접속을 방해하는 욕망의 지방질을 제거해 줄 말씀의 비수를 그리워할 때다. "하나님의 말씀은 살아 있고 활력이 있어 좌우에 날선 어떤 검보다도 예리하여 혼과 영과 및 관절과 골수를 찔러 쪼개기까지 하며 또 마음의 생각과 뜻을 판단하나니"(히 4:12)

꽃게 이야기

바른 길 두고

게처럼 비껴 걷는 우리들

그러나 아니다

저 뻔뻔스러움 껍질과

등배가 다른 빛깔이며

살벌한 집게를 보아라

더러 더딘 걸음

숨찬 전진이라 하여

뒤집으면 갈 곳 없는

그런 꽃게는 아니다.

■ Faith Essay_ 예수 믿고 구원의 삶을 산다는 것은 기존의 삶의 방식에서 예수적 삶의 방식으로 전환되는 라이프 패러다임의 근본적 변화를 말한다. 그러나 세상과 교회를 오가는 연약한 사람으로서 신자들은 곤혹스러울 때가 많다. 생업의 현장에는 아직 예수방식보다 물질적 현시적 가치가 앞서 있기 때문에 비움과 채움 사이 혼란의 시간을 견디어 내고 있는 것이다. 그러나 기왕의 세례를 받고 하나님 자녀의 신분을 얻은 이상 명백하고도 단호한 입장이 필요하다.

신앙의 가치와 신자의 행위가 일치하지 않을 때 늘 불안과 갈등과 번민은 우리 곁을 떠나지 않는다. 진정한 구원은 온전한 신앙을 이루는 데 있다. '온전한 삶'은 '온전한 신앙'과 분리되지 않는다. 우리는 딱딱한 껍질과 실벌한 집게로 사는 '게'가 아니다. 우리는 느려도 불편해도 주님이 가시는 길 똑바로 쳐다보고 가야 한다. 비껴 걷는 만큼 우리의 삶 또한 구원과 점점 멀어지는 것이다.

성도(聖徒)가 가는 길은 다름 아닌 구별된 거룩한 삶으로서 거룩한 길이다. 따라서 성도의 길은 그야말로 성도(聖道)가 되어야 한다. 지금 우리는 온전한 구원의 삶, 구원의 길을 가고 있는가. 주님은 말씀하신다. "그러므로 하늘에 계신 너희 아버지의 온전(穩全)하심 같이 너희도 온전 하라"(마5:48)

판도라

얼마나 감추어야
그 껍질이 투명해질까
터질 듯한 가면의 무게
나를 찢으니 사자가 나왔네
나를 찢으니 뱀이 나왔네
나를 찢으니 개가 나왔네
나를 찢으니 무신이 나오고
나를 찢으니 별이 나오고
나를 찢으니 몹쓸 시가 나왔네
몹쓸 시를 찢으니 내가 나왔네
시를 찢는 내가 나왔네
찢을수록 단단한 내가 나왔네.

■ Faith Essay_ 가끔 교인이나 목회자의 간증을 듣노라면 자신의 삶의 가치나 방향의 변화를 고백하는 감격의 사연도 있지만 더러 지나치게 세속적인 성공을 간증거리로 자랑하는 경우도 종종 있다. 물론 재물과 명예의 충족이 비난받을 일은 아니지만 우리의 종교심에는 혹여 개인적 성취를 마치 주님의 사랑인양 오해하는 경우도 더러 있다. 우리가 기도생활을 하는 가장 큰 이유는 욕망에 사로잡힌 과거를 예수 그리스도의 십자가에 함께 못 박고 하나님나라의 백성으로서 새로운 생명을 누리기 위해서 날마다 인습의 자신을 단절하기위해 기도하는 것이다.

유무상통(有無相通)의 신앙공동체 정신은 점점 사라지고 어느새 개인사나 개교회의 안위나 부흥에 대한 조바심이 우리의 기도에 불을 밝히는 것은 아닌지 돌아보게 된다. 지금은 교회공동체의 올바른 정체성을 회복하고 자신의 욕망을 잠재우는 절제의 기도가 필요한 시대다.

우리의 영적부흥은 결코 물욕적 부유와 같은 궤를 갈 수는 없다. 사랑의 사도 요한은 우리에게 감춰진 탐욕의 자신을 향해 이렇게 가르치고 있다.

"세상에 있는 모든 것이 육신의 정욕과 안목의 정욕과 이생의 자랑이니 다 아버지께로 좇아 온 것이 아니요 세상으로 좇아 온 것이라 이 세상도, 그 정욕도 지나가되 오직 하나님의 뜻을 행하는 이는 영원히 거하느니라"(요한1서 2:15~17)

내 몸에 검객

내 몸에 검객이 살고 있었네
상대의 몸에 닿지 않고도
죽일 수 있는 경지
심장의 혈관보다 먼저 솟구치는
설기상인(舌氣傷人)의 검기(劍技)
중원을 떠돌아도
나를 떠나지 않는 푸른 서슬
반백년 내 몸에 살고 있었네.

■ Faith Essay_ 솔로몬은 일찍이 인간의 입술과 혀에 대하여 소중한 경구(警句)를 남겼다. 잠언 15장에 "유순한 대답은 분노를 쉽게 하여도 과격한 말은 노를 격동하느니라 지혜 있는 자의 혀는 지식을 선히 베풀고 미련한 자의 입은 미련한 것을 쏟느니라"(1~2절)는 말씀을 우리가 익히 알고 있지만 너무나 쉽게 망각한다. 자신의 의(義)를 나타내기 위해 타인에게 함부로 말하는 것을 우리는 쉽게 경험한다.

심지어 성경을 삶의 절대적 가치로 여기는 기독교인조차 하나님의 말씀을 임의대로 해석하거나 왜곡되게 써먹는 진리의 오염을 종종 목격하기도 한다. 나의 오해와 원망이 빚어낸 말의 실수들이 어쩌면 단순한 실수가 아니라 누군가를 다치게하고 죽게 하는 칼은 아니었을까, 혹시 내가 누구의 방패이기보다 칼이 되어 내 입을 함부로 사용한 적은 없었을까 돌이켜 보면 문득 모골이 송연해진다.

오늘 다시 기도해본다. 내 혀가 성령을 거스르지 않기를 주님이 내 입술의 파수꾼이 되어 주시기를. "생명을 사모하고 장수하여 복 받기를 원하는 사람이 누구뇨 네 혀를 악에서 금하며 네 입술을 궤사한 말에서 금할지어다"(시편34:12~13)

방전(放電)시대

충전이 충혈이 되고
충혈이 충동이 되어
마침내 방전이 넘치는 세상
그래, 이제는 방전이
필요할지 몰라

발기되지 않는 노인처럼
의식의 뚜껑을 닫고
죽은 듯 아득한 무아(無我)
실신의 시간이 필요해

모든 욕구가 빠져나간
텅 빈 우주에
칠년에 한 번 씩 놓는 오작교
수 천 년을 기다려도
한 가지 노래만 하는

견우가 되고 싶어
직녀가 되고 싶어.

■ Faith Essay_ 세상이나 교회나 '생존(survival)'이라는 전쟁에서 늘 무언가를 충전해야존재할 수 있을 것 같은 위기의 시대를 사는 듯하다. 신앙은 어쩌면 자기 욕구의 에너지를 충전 혹은 충만히 하기 위한 도구가 아니라, 오히려 욕구를 충족할 에너지가 필요할수록 자신의 내면을 방전시켜야하는 것인지 모른다.

기도란 세상이 그려놓은 이데아를 향해 분주히 달려온 나를 하나님 앞에 잠시 쉬게 해주는 일은 아닐까? 자아의 생기를 실신의 무아로, 요구에서 포기로 전환하는 상태! 충전이 아니라 그렇게 방전을 경험하는 가운데 오직 한 곳을 바라보는 상태, 지금은 내게로 오시는 주님을 만나는 일, 우주의 고요한 시간에 오직 나와 그 분만이 대면하는 시간을 갖게 될 방전이 필요한 시대는 아닐까?

너무나 충만해서 충혈된 눈을 감고 모든 것이 빠져나간 텅빈 우주에 오직 그 분만을 향한 관상(觀想)의 시간이 필요한 방전의 시대는 아닐까?

원미도인 박기서

　가난한 사람에게로 찾아간 예수의 발자취를 찾는 것이 성지순례라며 1979년 원미산 아래 가난한 마을에 예배당을 세웠다 그리고 세월은 30년을 훌쩍 지났다 찾아온 제자에게 말했다 목사가 벼슬이 아니다 네 믿음이 교회를 키운다고 착각하지 마라 교회는 사랑을 나타내는 곳이지 폼난 세상을 옮겨놓은 곳이 아니다 교인은 목사의 수종드는 천사가 아니라 목사가 섬겨야 할 천사다 오늘도 그 사랑 때문에 그는 주머니를 다 털고 15평의 연립에서 몸의 먼지를 씻는다 그는 진화를 거부한 단세포 목사다

　　우리 주변에는
　　굳이 자랑하지 않아도
　　빛나는 인생이 있다.

■ Faith Essay_ 누구에게나 제 스승은 존경스럽고 닮고 싶겠지만 필자에게도 그럴만한 스승이 계시다는 것이 얼마나 감사한지 모른다. 효율적인 직업목회를 가르치기보다 '목사는 어떤 사람이 되어야 하는가'를 보여준 스승. 원미도인은 참 자유가 무엇인지 가르쳐 준 분이다. 청년시절 평신도록 목사 원미도인을 만났지만 그는 도무지 교리적 엄숙이나 명예 따위의 가벼움을 좇지 않는 그야말로 예수 안에서 자유인이었다.

예수께서 말씀하신대로

"너희 중에 누구든지 으뜸이 되고자 하는 자는 모든 사람의 종이 되어야 하리라. 인자가 온 것은 섬김을 받으려 함이 아니라 도리어 섬기려 하고 자기 목숨을 많은 사람의 대속물로 주려 함이니라"(막10:44~45)는 진리를 삶과의 간격을 좁히려 몸소 보여준 매우 단순한 목사였다. 이제 목회 38년을 마무리하니 강단(講壇)에서 내려오는 그의 뒷모습에서 목회는 자신이 높아져야 하는 특수한 직업이 아니라 자신이 먼저 낮아져 보일 듯 보이지 않는 청지기였음을 삶으로 보여주었다.

그가 강단에서 가르친 말씀과 그의 담담한 삶의 여정이 제자에게는 성경을 성경답게하는 또 다른 경전이었다. 그는 사람을 사랑하되 사람에게 상처받지 않는 정말 물같은 목사였다. 그의 목회여정의 노고에 제자로서 자유와 평화의 꽃을 전하고 싶다.

■ 저자소개

김윤환 시인

1963년 안동태생, 단국대 대학원 문예창작학과 졸업(문학박사), 협성대 및 동신학대학원 졸업, 1989년 《실천문학》등단, 시집 《그릇에 대한 기억》, 《까띠뿌난에서 만난 예수》, 《이름의 풍장》, 동시집 《내가 밟았어》, 비평집 《한국 현대시의 종교적 상상력》, 《박목월 시에 나타난 모성 하나님》, 논저 《문학의 이해와 글쓰기》 등, 현 백석대학원 기독교문학 전공지도교수, 사랑의은강교회 담임목사. poemreview@daum.net

그림_ 황학만 화백(목사)

1948년 강원 태생, 중앙대학교 서양학과 졸업, 장로교총회 신학대학원 졸업(M.div), 개인전 50여회, 국제 초대전(미국,일본,이탈리아,홍콩 등) 다수, 저서 그림 성서에세이집 《골고다에 핀 나팔꽃》 등, 기독교 세계관을 담은 미술작품으로 국제 미술계와 교계의 주목을 받은 작가, 현재 '성서와 미술' 관련 강의 활동 중. yesurin3@naver.com